David Doroghy | Graeme Menzies

111 Orte in Vancouver, die man gesehen haben muss

emons:

Gute Lehrer können unendlich viel bewirken – wie etwa
Fran Beckett, meine Englischlehrerin in der 11. und 12. Klasse,
die mich die Rechtschreibung leerte – ich meine: lehrte.
Meine einzige Zwei nach einer Serie von Viererzeugnissen
verdanke ich ihr. Sie war ermutigend, positiv, kreativ und witzig.
Ich wünschte, sie wäre noch unter uns, um dieses Buch mit
Kurzessays zu zensieren.
D. D.

Für Dr. Evils Vater. Nicht nur erfand er das Fragezeichen,
ihn kennzeichnete auch jene Weltschmerzlaune, welche nur
Genies haben und wie sie Schwachsinnige beklagen.
G. M.

Bibliografische Information der Deutschen Nationalbibliothek
Die Deutsche Nationalbibliothek verzeichnet diese Publikation
in der Deutschen Nationalbibliografie; detaillierte bibliografische
Daten sind im Internet über http://dnb.d-nb.de abrufbar.

© Emons Verlag GmbH
Alle Rechte vorbehalten
Deutsche Fassung: Monika Elisa Schurr
© der Fotografien: Dave Doroghy
und Graeme Menzies, außer: siehe Seite 239
© Covermotiv: shutterstock.com/jennyt
Layout: Eva Kraskes, nach einem
Konzept von Lübbeke | Naumann | Thoben
Kartografie: altancicek.design, www.altancicek.de
Kartenbasisinformationen aus Openstreetmap,
© OpenStreetMap-Mitwirkende, ODbL
Druck und Bindung: Grafisches Centrum Cuno, Calbe
Printed in Germany 2021
ISBN 978-3-7408-1015-3

Unser Newsletter informiert Sie
regelmäßig über Neues von emons:
Kostenlos bestellen unter
www.emons-verlag.de

Vorwort

Zum ersten Mal arbeiteten wir vor über zehn Jahren zusammen, als Vancouver sich für die Olympischen Winterspiele 2010 rüstete. Obwohl wir verschiedene Rollen innehatten, gehörten wir beide zu einem Team und erlebten gemeinsam viele Herausforderungen, Lacher und Deadlines, die den Weg zum Weltevent pflasterten. Dasselbe kann über dieses Projekt gesagt werden – Teamarbeit von A bis Z.

Selbst unter Teampartnern jedoch gibt es eine Art freundlichen Wettstreit. Stets wollten wir etwas finden, was den anderen überraschte (»Das habe ich nicht gewusst!«) oder ihn dazu brachte, laut loszuprusten. Auf diese Weise spornten wir uns gegenseitig an.

Als gebürtiger Einheimischer konnte Dave auf viele persönliche Erlebnisse und die seiner Freunde zurückgreifen, um Details zu highlighten, die eben nur Insider kennen – etwa den Radiosender CFUN, der einst aus einem heutigen Secondhandladen funkte, den Weg zu mysteriösen Steinmeißelungen am Stanley Park Seawall, den Grund, warum das Toys-»R«-Us-Schild so schräg aussieht, oder die Antwort auf die Frage, ob einer der größten Countrystars der USA tatsächlich in Vancouver den Durchbruch schaffte.

Als Geschichtscrack und neugieriger Rechercheur genoss Graeme die vielen Stunden, in denen er Orte aufstöberte, die mit Menschen wie Harry Houdini, dem Botaniker auf Captain Vancouvers Schiff, Hollywoodgrößen der goldenen Ära, Rockstars, Hippies oder Magnaten verknüpft sind. Die Arbeitsstunden auf Daves Hausboot und in Graemes Wohnung ergänzten wir durch diverse »Fotosafaris«, bei denen wir – je nach Wetter – in Daves klassischem Morgan oder seinem Westfalia durch die Stadt kreuzten und um die besten Foto- oder Erzählperspektiven wetteiferten.

Das Ergebnis, so hoffen wir, ist eine Sammlung von 111 amüsanten und unterhaltsamen Orten, die Ihre Lachmuskeln kitzeln oder Ihnen etwas Neues in Vancouver zeigen werden, was Sie bislang nicht kannten.

– DD und GM

111 Orte

1__ 55 Dunlevy Avenue
Fertigungsanlage wird Foodie-Paradies | 10

2__ A Baker's Dozen Antiques
Antike Schädel und Schnupftabak | 12

3__ Das Alibi Room
Vom Pelzhandel zum Film | 14

4__ Das alte South Terminal
Flug in die Vergangenheit | 16

5__ Der Baden-Powell-Trail
Das verborgene Wanderparadies | 18

6__ Beaucoup Bakery
Die entscheidende Zutat | 20

7__ Der begrabene Cadillac
Herausragende Heckflossen | 22

8__ The Billy
Bar, Bier und Bomber | 24

9__ Das Blauwalskelett
Das größte Kanadas | 26

10__ Block 1700 Dunbar Street
Leben in der Zeitkapsel | 28

11__ Das BowMac-Schild
Leuchtgiganten | 30

12__ Die Brassneck Brewery
Coole Vibes | 32

13__ Cartems Donuts
Kringel mit Geschichte | 34

14__ Das Catfe
Kaffee mit Katzen | 36

15__ Das CFUN-Haus
Edel ohne Ende | 38

16__ Der »Chicken Coop«
Hier begann Loretta Lynn | 40

17__ City Farmer
Kompost-Hochkultur | 42

18__ Das Commodore Lanes
Kanadas älteste Bowlingbahn | 44

| 19 | Der CRAB Park
Kleinod im Herzen Vancouvers | 46 |
| 20 | Das Dark Table Restaurant
Essen in der Dunkelkammer | 48 |
| 21 | Deadman's Island
Die Spukinsel im Norden | 50 |
| 22 | Der Dude Chilling Park
Coole Basisdemokratie | 52 |
| 23 | Der Earnest Production Store
Innovativer Eistempel | 54 |
| 24 | Engine 374
Besuch bei einer alten Dame | 56 |
| 25 | Der erste Fluevog Store
Plateaus für Fashion-Freaks | 58 |
| 26 | Das erste kanadische McDonald's-Restaurant
McHistory in Richmond | 60 |
| 27 | Die False-Creek-Fähren
Mehr als nur von A nach B | 62 |
| 28 | Die fehlende Tafel
An Vancouvers erster Straßenecke | 64 |
| 29 | Der Flying Angel Club
Matrosen-Trost | 66 |
| 30 | Folkart Interiors
Mounties als Holzkameraden | 68 |
| 31 | Der Fortes-Brunnen
Quell der Dankbarkeit | 70 |
| 32 | Gaoler's Mews
Ein Ort zum Abhängen | 72 |
| 33 | Der geheime Kletterbaum
Wolkenkratzer der Wildnis | 74 |
| 34 | Die Geisterschienen
Clickity-clack, will they ever come back? | 76 |
| 35 | Der gelbe Hügel
Was zum Teufel ist das? | 78 |
| 36 | Das Grab von Raymond Burr
Hier ruht Perry Mason | 80 |
| 37 | Die Greenpeace-Gedenktafel
Mach keine Welle | 82 |
| 38 | Die Gulf of Georgia Cannery
Lässt einen nicht vom Haken | 84 |

39 ___ Die H Tasting Lounge
Howard Hughes war hier | 86

40 ___ Das Haida-Kanu
Wellenfresser aus Zedernholz | 88

41 ___ Harbour Air
Bauchlandung der anderen Art | 90

42 ___ Das Harbour Centre
Große Schritte für Vancouver | 92

43 ___ Das Hastings Mill Store Museum
Vancouvers ältestes Gebäude | 94

44 ___ Das Haus von Oma Hendrix
And the wind cries Nora | 96

45 ___ Die Hausboote
Relaxter Nonkonformismus | 98

46 ___ Der Heritage Harbour
Wo alt und hübsch nicht reicht | 100

47 ___ Die Holy Rosary Cathedral
Wo Frankensteins Braut sich traute | 102

48 ___ Die Holzachterbahn
Shake, Rattle and Roll | 104

49 ___ Das Honeybee Centre
Goldenes Elixier | 106

50 ___ Die Horste der Reiher
Vogel-Cam im Stanley Park | 108

51 ___ Das Hotel Georgia
Marlene, Elvis, Beatles | 110

52 ___ Houdinis Fenster
Zauberer in Zwangsjacke | 112

53 ___ Die Jack Poole Plaza
Erloschen, entflammt | 114

54 ___ Das japanisch-kanadische Kriegsdenkmal
Säule der Community | 116

55 ___ Der japanische Garten
Tribut an Inazo Nitobe | 118

56 ___ Der Jericho Beach
Der bewegte Strand | 120

57 ___ Der Kitsilano Pool
Schwimmbecken mit Geschichte | 122

58 ___ Das Labyrinth von St. Paul's
Pfad zum Frieden | 124

59 — Der Larry Berg Flight Path Park
Planespotting | 126

60 — Der Leg-In-Boot Square
Vermisse ein Bein | 128

61 — Der letzte Ball
Aufstieg und Fall der Mighty Grizz | 130

62 — Die Lions Gate Bridge Lights
Abends strahlt Gracies Kette | 132

63 — Der Living Roof
Es grünt so grün | 134

64 — Die Long Table Distillery
Feines aus dem Kupferkessel | 136

65 — Die Lord Byng High School
Hollywood des Nordens | 138

66 — Lotusland Electronics
Wie pures Gold | 140

67 — Das Marine Building
Seegrün getönt, golden überhaucht | 142

68 — Das Mauerbild
… am Maritime Museum | 144

69 — Die Menzies-Büste
Der Botaniker grüßt | 146

70 — Die Monster-Störe
Dem Aussterben entronnen | 148

71 — Das Museum of Anthropology
Schatztruhe für die Sinne | 150

72 — Die Mushroom Studios
Schiff voller Träume | 152

73 — Das Naam
Love, Peace und Gemüse | 154

74 — Das Nat Bailey Stadium
Eines der Letzten seiner Art | 156

75 — Neptoon Records
Symphonie in Sattschwarz | 158

76 — Die Neun-Uhr-Kanone
Den Schuss gehört | 160

77 — Das Ovaltine Café
Nostalgie in Neon | 162

78 — Der Point Grey Road Bike Path
Grüner Alltags-Allrounder | 164

79___ Das Polizeimuseum
Die Axt der Kosberg-Morde | 166

80___ Punjabi Market
Parade der Genüsse | 168

81___ Der Queen Elizabeth Park
Schönste Wiederbegrünung | 170

82___ Der Rainbow Crosswalk
Gay Pride zu Füßen | 172

83___ Das Raumschiff
Alle 50 Jahre | 174

84___ Das Reifel Bird Sanctuary
Im Land der Kraniche | 176

85___ Die Rick-Hansen-Statue
Man in Motion | 178

86___ Die Riesenkrabbe
Das meistfotografierte Krustentier Kanadas | 180

87___ Die Rogers Arena
Steile Kurve | 182

88___ Das Sam Kee Building
Das seltsamste Gebäude | 184

89___ Die schwimmende Tankstelle
Die letzte ihrer Art | 186

90___ Die Seaforth Armoury
Messerschmitt bis MG | 188

91___ The Shameful Tiki Room
Für den Kitschtouristen in dir | 190

92___ The Shop
Der Experte für Wilde | 192

93___ Die Silos
Giganten auf Granville Island | 194

94___ Der Southlands Riding Club
Rösser statt Drahtesel | 196

95___ Der SS-«Beaver»-Steinhügel
Tribut an eine Legende | 198

96___ Die »St. Roch«
Auf Tuchfühlung mit der Arktis | 200

97___ Die Statue Harry Jeromes
Vancouver rennt | 202

98___ Das Stir Coffee House
Oldschool mit Hipness-Prise | 204

99 — Das Storybook House
Hexenhäuschen meets Disney-Cartoon | 206

100 — Die Suchscheinwerfer
Überbleibsel des Zweiten Weltkriegs | 208

101 — Das Sylvia Hotel
Ein Kater und eine Baroness | 210

102 — Das Trump International Hotel
PR-Genies und Protestmärsche | 212

103 — Das Tsawwassen Terminal
Phantastische Fähren-Flotte | 214

104 — Der UBC Rose Garden
Paradies statt Pflaster | 216

105 — Die verborgenen Symbole
… am Stanley Park Seawall | 218

106 — Visions of Possibilities
Zukunft ohne Hindernisse | 220

107 — Die Vögel
Olympia-Riesen im neuen Federkleid | 222

108 — Die Waterfront Station
Trostspender Endbahnhof | 224

109 — Die Westham Island Bridge
Magie des Metallhebels | 226

110 — Das Wing Sang Building
Chinatown meets Kunst | 228

111 — Die Zwillings-Urinale
Plausch mit dem Nebenmann | 230

1 55 Dunlevy Avenue
Fertigungsanlage wird Foodie-Paradies

Das 1924 von einer Metallgießerei errichtete Gebäude im Eisenbahnviertel nahe den Kaianlagen ist heute ein verborgenes Paradies für Feinschmecker und -trinker, Bier- und Weinfreunde, die hier mit Genuss auf Entdeckungsreise gehen.

Die Mitarbeiter der Postmark Brewing, der Vancouver Urban Winery und der Belgard Kitchen bieten eine Dreifach-Herausforderung für die Sinne. Überbleibsel aus der Blaumann-Vergangenheit verleihen dem versteckten Luxusrefugium Wärme. Halb sieht es aus wie eine Fabrik, halb wie ein mittelalterliches Schloss. Beehrt haben es schon Leinwandstars (Woody Harrelson), TV-Größen (Camila Mendes) und Bühnenmagneten (Lady Gaga).

Wer sich dem Gebäude nähert, dem sticht zunächst die schräge Kollektion von Holzpfosten ins Auge, die zwischen dem Bürgersteig und dem Haus aufragen. Übrig gebliebener Holzmüll? Moderne Kunst? Nein. Es handelt sich um eine Hommage an die Frühgeschichte des Viertels, dessen alte Straßen einst aus Holz gebaut waren. An einem Straßenabschnitt ist der Asphalt gar verwittert, und das Holz darunter kommt wieder zum Vorschein. Ebenso auffällig sind die wuchtigen Eingangstüren, entworfen vom Designer Omer Arbel aus Vancouver, der auch die Fenster designte. Wessen Aufmerksamkeit auch sie noch nicht fesseln, der beachte die beiden anderen gigantischen Türen innerhalb des Gebäudes, die aus einer südamerikanischen Kirche stammen sollen.

Haben sie die Pforten passiert, sind Erstbesucher nicht selten vorübergehend gelähmt angesichts der Reizüberflutung: Klänge und Düfte aus der geschäftigen Küche, der Kamin, die Couch, die Fässer – und eine riesige Stahlwinde, die daran erinnert, dass dies einst die älteste Metallgießerei Vancouvers gewesen ist. Hier, im sogenannten Settlement Building, wird die Tradition, Rohmaterial in schöne substanzielle Formen zu verwandeln, lebendig erhalten, wenn auch auf eine ganz neue Art.

Adresse 55 Dunlevy Avenue, Vancouver, BC V6A 3A3, Tel. +1 (604)566-9463, info@settlementbuilding.com | **Anfahrt** mit dem Auto, nächste »Impark«-Parkgelegenheit: 611 Alexander Street | **Öffnungszeiten** Mo–Mi 11–23 Uhr, Do, Fr 11–24 Uhr, Sa 10–24 Uhr, So 10–23 Uhr | **Tipp** Gastro-Abenteurer interessiert sicher auch The Mackenzie Room in der Nähe, wo es unter anderem die besten Cocktails der Stadt gibt. Die Pforten öffnen allabendlich um 17 Uhr (415 Powell Street, Vancouver, BC V6A 1G7, www.themackenzieroom.com).

2 A Baker's Dozen Antiques
Antike Schädel und Schnupftabak

Nach 45 Jahren unter derselben Inhaberin erwarten einen hinter der Eingangstür eine Menge Fachwissen und Leidenschaft. Heather Baker hat einen Laden geschaffen, in dem sich das Staunenswerte nur so stapelt, was ein Erlebnis für sich ist. Einmal eingetreten, hält man unwillkürlich den Atem an, während die Sinne alle Attraktionen zu erfassen versuchen, die um Aufmerksamkeit buhlen. Wohin zuerst schauen? Ist das ein menschliches Skelett? Eine Holzprothese aus dem 19. Jahrhundert? Ist das da eine Schnupftabakdose? Oder will man doch lieber einen Blick auf das antike Spielzeug oder die handgeschnitzten Kokosnussschalen werfen oder die Garderobe mit einem uralten Spazierstock komplettieren? Würde sich das phrenologische Schädelmodell da nicht auch sehr cool in der Wohnung machen?

Heathers Enthusiasmus rührt von ihren frühesten Erinnerungen her, als sie mit ihrem Großvater auf der Müllhalde nach Preziosen suchte. Die Wände ihres Elternhauses waren mit Zufallsfunden, Kunst und Kuriositäten vollgehängt. Heute ist sie eine der Top-Antiquitätenhändlerinnen Kanadas, Expertin für die TV-Serie »The Antiques Roadshow« sowie Ansprechpartnerin für alle, die etwas suchen, es aber nicht finden. Wer auf der Jagd nach einem exotischen Hingucker ist, der Eigenheim, Hütte, Wohnhöhle, Bretterbude oder das Büro aufwertet, wird hier fündig. Selbst berühmte Filmrequisiten sind aufzustöbern – nicht selten mieten Produktionsteams Stücke für eine Szene. Die ausgestopften Tiere werden so stark nachgefragt, dass Heather sie nicht verkauft (es gab Auftritte von Otto, dem Otter, oder Waschbär Rocky in zahlreichen Filmen und Serien, darunter die Netflix-Serie »The Chilling Adventures of Sabrina«). Manchmal schauen sogar Schauspieler rein und durchwühlen die Gänge nach begehrten Einzelstücken – Jackie Chan, Arnold Schwarzenegger und Bryan Adams waren schon da. Zeitmaschine, Jahrmarktsritt und Kabinett des Bizarren: A Baker's Dozen ist all dies in einem.

Adresse 3520 Main Street, Vancouver, BC V5V 3N3, Tel. +1 (604)879-3348 | **Anfahrt** In der Main Street kann man gebührenpflichtig parken. | **Öffnungszeiten** Mo–Sa 11–17.30 Uhr, So 12–17 Uhr | **Tipp** Fast genau gegenüber locken Frühstück oder Lunch im flippigen kleinen Restaurant Slickity Jim's Chat 'N' Chew (3475 Main Street, Vancouver, BC V5V 3M9, www.skinnyfatjack.com).

3 Das Alibi Room
Vom Pelzhandel zum Film

Vancouvers Bierkenner wissen um diese Enklave. Während sie sich jedoch verständlicherweise auf die 50 verschiedenen lokalen und importierten Biersorten stürzen, entgeht vielen die bunte Vergangenheit des Gebäudes.

In ihrer Frühzeit war diese Oase für Hopfen-Connaisseure eine Lagerhalle von Pelzhändlern. Später waren hier eine Handschuhfabrik und ein Zuckerbäcker ansässig. In den späten 1960ern änderte sich das Bild radikal: Der einheimische Unternehmer George Pately dachte sich, dies sei die richtige Location, um die Roaring Twenties zu neuem Leben zu erwecken, und eröffnete »The Banjo Room«. Vielleicht inspirierten ihn der Hollywoodfilm »Chicago-Massaker – Der blutige Aufstieg des Al Capone« von 1967 oder die Nachricht, dass die Lagerhalle in Chicago, in der sich das Massaker abgespielt hatte, abgerissen werden sollte: Pately erwarb jedenfalls sieben Fässer voller Ziegel der *kill wall*, der Hinrichtungsmauer, und machte sie zu einer Attraktion seiner Bar. Leider empfand die Kundschaft die Mauer als zu gruselig. Die Ziegel wurden also in die Herrentoilette verbannt, und Pately konzentrierte seinen Eifer auf ein weiteres Feature: Kanadas größten Rundgrill.

Schließlich musste »The Banjo Room« zumachen. An seine Stelle trat eine Kneipe namens »Archimedes Club«, die die Taxifahrergesellschaft Vancouvers frequentierte (was der griechische Mathematiker mit Taxifahrern zu tun hat, bleibt ein Rätsel). In den späten 1990ern tat sich der in Vancouver geborene Schauspieler Jason Priestley mit den Kollegen Gillian Anderson und Tom Skerritt zusammen und schuf mit dem »Alibi Room« einen Ort, an dem Indie-Filmer und -Fans abhingen. Der Besitzer hat inzwischen gewechselt, die Drehbücher, Schreibmaschinen und Filmprojektoren, die das Innere schmücken, blieben jedoch Teil der Philosophie. Wenn Sie auf der Suche nach Inspiration sind, sollten Sie hierherkommen. Die zerschossenen Mauersteine sind lange passé, die Wände scheinen jedoch noch immer Geschichten zu erzählen.

Adresse 157 Alexander Street, Vancouver, BC V6A 1B8, Tel. +1 (604)623-3383, www.alibi.ca | Anfahrt mit dem Auto, gebührenpflichtiges Parken in der Alexander Street | Öffnungszeiten Mo–Do 17–23.30 Uhr, Fr 17–24 Uhr, Sa 10–24 Uhr, So 10–23.30 Uhr | Tipp Zwei Blocks weiter östlich in der Alexander Street stößt man auf »Ask For Luigi«, eines der besten und charmantesten italienischen Restaurants ganz Kanadas mit täglich wechselnden Pastagerichten (305 Alexander Street, Vancouver, BC V6A 1C4, www.askforluigi.com).

4 Das alte South Terminal
Flug in die Vergangenheit

Mehrere Male ist der Vancouver International Airport von Industrieverbänden zum besten Flughafen Nordamerikas und gar dem besten der Welt gekürt worden. Der effiziente, moderne Airport fertigt im Jahr 20 Millionen Passagiere ab.

So war es allerdings nicht immer. 1927 wurde der Mann, der damals (und wahrscheinlich noch heute) als der berühmteste Flieger galt, Charles Lindbergh, nach seiner gefeierten Atlantiküberquerung gebeten, Vancouver zu besuchen. Seine Antwort lautete schlicht: »Dort gibt es kein geeignetes Rollfeld, auf dem man landen könnte.« Zwei Jahre nach dieser knappen Weigerung steckte die Stadt 600.000 Dollar in das zukünftige South Terminal und ersetzte so den holprigen Grasstreifen im Minoru Park, der Lindbergh vom Flug abgehalten hatte. 1932 nahm der Flughafen den Betrieb zwischen Vancouver und Seattle auf; in jenem Jahr beförderte er 1.070 Passagiere.

Während des Zweiten Weltkrieges wurde das alte South Terminal von der Regierung gepachtet, vom Verteidigungsministerium als Basis der Canadian Air Force betrieben und war Teil des British Commonwealth Air Training Plan. Die Soldaten und Soldatinnen lebten in einem Komplex mit 300 Wohnungen namens Burkville in der Nähe, der noch heute steht. Ein Brand zerstörte das ursprüngliche Terminal 1949, 1950 wurde ein neues gebaut.

1968 wurde das gegenwärtige Hauptterminal fertiggestellt. Seither fungiert das alte South Terminal als Satellitenbetrieb für kürzere Charterflüge etwa zu Fischersiedlungen oder anderen entlegenen Zielen. Im alten Terminal herrscht eine relaxtere, gemütlichere Atmosphäre. Man sollte Zeit mitbringen und sich die Wände mit alten Schwarz-Weiß-Fotos aus der Fliegereigeschichte Vancouvers ansehen. Zudem schmückt sich das Gebäude mit einem Wasserflugzeug aus Pappmaché samt grauer Möwe, das von der Decke hängt. Auch der eine oder andere Propeller ist an den Wänden angebracht.

Adresse 4440 Cowley Crescent, Richmond, BC V7B 1B8, Tel. +1 (604)207-7077, www.yvr.ca/en/passengers/transportation/airport-south | **Anfahrt** SkyTrain bis YVR-Airport (Canada Line), dann mit dem Shuttle von Bus Bay 3 auf der zweiten Ebene des YVR International Arrivals bis zum alten Airport | **Öffnungszeiten** Das Airport Shuttle fährt von 6.50–22.10 Uhr. | **Tipp** Ein toller Ort, um Wasserflugzeuge auf dem Fraser River landen und abheben zu sehen, ist »The Flying Beaver Bar and Grill« nicht weit vom alten South Terminal (4760 Inglis Drive, Richmond, BC V7B 1W4, www.mjg.ca/flying-beaver).

5 Der Baden-Powell-Trail
Das verborgene Wanderparadies

Die Vancouverianer waren schon immer sehr naturverbunden. Wanderungen in den North Shore Mountains sind seit Generationen eine beliebte Freizeitbeschäftigung. Manche Wanderwege gab es bereits vor Beginn der Geschichtsschreibung, andere entstanden aus alten Handelswegen, wiederum andere wurden gezielt angelegt.

Der Baden-Powell-Trail fällt in letztere Kategorie: 1971 entstand er aus einer Initiative der Boy Scouts und Girl Guides British Columbias. Benannt ist der Pfad nach Lord Baden-Powell, der die weltweite Pfadfinderbewegung ins Leben rief. Das Datum seiner Errichtung markiert das 100-jährige Jubiläum des Beitritts British Columbias zu Kanada.

Eindrucksvolle 42 Kilometer verläuft der Trail an den Südhängen der North Shore Mountains von Horseshoe Bay am Howe Sound bis nach Deep Cove am Indian Arm. Unterwegs gibt es viel Interessantes zu sehen, darunter den Cleveland Dam, einen Staudamm an der Südseite des Capilano Lake (bekannt aus »Planet der Affen: Revolution« und der TV-Serie »Smallville«), oder die historische Hängebrücke in Lynn Valley. Der bewältigte Höhenunterschied beträgt 1.200 Meter; der höchste Punkt ist Black Mountain, der niedrigste das Meeresniveau. Die meisten Wanderer genießen den Trail wie einen guten Wein – nicht zu viel auf einmal, sondern bewusst peu à peu. Wen jedoch die sportliche Herausforderung jenseits der Schmerzgrenze reizt, der besuche den jährlichen »Knee Knackering North Shore Trail Run«, an dem an einem einzigen Tag 30 Kilometer des Trails zurückgelegt werden müssen. Aktuell liegt die Bestzeit bei 4:32:03.

Weniger extrem Gepolten sei die 3,8 Kilometer lange Kurzwanderung zum Aussichtspunkt Quarry Rock nahe Deep Cove am Ostende des Trails ans Herz gelegt. Der Felsvorsprung belohnt Besucher mit einem Panoramablick über den Indian Arm, einen 20 Kilometer langen Gletscherfjord aus der letzten Eiszeit.

Adresse an vielen Stellen am North Shore zugänglich; www.trailsbc.ca/loop/lower-mainland/hike-baden-powell-trail-42-km | **Anfahrt** Start zum Beispiel in Deep Cove: Parken im Panorama Park | **Öffnungszeiten** immer zugänglich | **Tipp** Donut-Aficionados sollten nicht die Gelegenheit verpassen, die herzhaften Kreationen von Honey Doughnuts & Goodies zu probieren. Nach der Plackerei haben Sie sich mindestens zwölf davon verdient (4373 Gallant Drive, North Vancouver, BC V7G 1L1, www.honeydoughnuts.com).

6 __ Beaucoup Bakery
Die entscheidende Zutat

Die unterhalb der Granville Bridge in der Fir Street gelegene Bäckerei wartet mit genau jenen echt französischen Spezialitäten auf, die man nur in einer Pariser Patisserie erwarten würde: *Pain au chocolat, pain au raisins,* Buttercroissants oder *chausson aux pommes* sind ein paar der Gaumenfreuden, die einen guten Start in den Tag garantieren. Dazu gönnt man sich einen Kaffee aus der italienischen Kaffeemaschine, lauscht dem Ohrenschmaus der hippen Jazz-Playlist und saugt das europäische Ambiente auf, das dieses versteckte Kleinod durchdringt. Was einzig fehlt: eine Ausgabe von »Le Monde« oder »Paris Match« und ein klassischer Citroën am Bordstein.

Geführt wird die Backstube von Betty Hung und ihrem Bruder Jacky, eröffnet wurde sie 2012 von der einheimischen Designerin, Autorin, Unternehmerin, Vielreisenden und Stilikone Jackie Kai Ellis. Bewaffnet mit einem Diplom der Pariser École Gastronomique Bellouet Conseil kreierte Jackie ein Café-Erlebnis, das täglich Dutzende Frankophone, Frankophile und Foodies aus aller Welt anzieht.

Wie der Farmer im Film »Feld der Träume« riskierte Jackie alles, um ihren Traum wahr werden zu lassen. Wer also denkt, hier gehe es lediglich um Essen, der verpasst das Wesentliche. Für Jackie nähren Speisen den Körper genauso wie die Seele. Alles zusammen – die Entwicklung neuer Kreationen sowie die Herstellung und der Verzehr der Köstlichkeiten – verleiht dem Leben Balance und neue Blickwinkel. Bei einem Besuch der Beaucoup Bakery erlebt man, dass sich diese Leidenschaft als immaterielle Zutat in allem wiederfindet.

Während Jackie sich zu neuen Abenteuern aufgemacht hat, wie etwa dem Schreiben ihrer Memoiren (»The Measure of My Powers«, ein Bestseller), sind die neuen Inhaber würdige Nachfolger, die von Beginn an hier beschäftigt waren. Als vormalige Chefkonditorin erhält Betty den hohen Standard aufrecht. Die Bäckerei ermöglicht es nun Jacky und ihr, ihre eigenen Träume zu verwirklichen.

Beaucoup Bakery verlässt man gut genährt – und inspiriert.

Adresse 2150 Fir Street, Vancouver, BC V6J 3B5, Tel. +1 (604)732-4222, www.beaucoupbakery.com, hello@beaucoupbakery.com | **Anfahrt** mit dem Auto; kostenloses Parken in der Gasse neben der Bäckerei, gebührenpflichtiges Parken in der Fir Street | **Öffnungszeiten** Di–Fr 9–17 Uhr, Sa, So 8–17 Uhr | **Tipp** Wer sich einige der Kalorien wieder vom Leib laufen oder radeln will: Der nördlichste Punkt des 8,5 Kilometer langen Projektes Arbutus Greenway liegt direkt gegenüber auf der anderen Straßenseite (www.vancouver.ca/streets-transportation/arbutus-greenway.aspx).

7 Der begrabene Cadillac
Herausragende Heckflossen

Was bringt jemanden dazu, einen Coupe de Ville Cadillac, Baujahr 1960, in zwei Hälften zu teilen und in seinem Vorgarten in einem der vornehmeren Viertel Vancouvers zu vergraben? Einfache Antwort: Egal! Die Heckflossen-Installation sowie die anderen rostigen Artefakte, die rund um Steve Edmundsons Haus zu bestaunen sind, sind skurril, völlig fehl am Platz und ein absolutes Must-see.

1993, als Edmundson das Detroiter Eisen zerlegte und hier aufstellte, wusste er nicht, wie die Nachbarn oder die Stadt darauf reagieren würden. Steve ist ein begnadeter Geschichtenerzähler und erzählt gern, wie ein Prüfer der Baubehörde eines Tages vorbeikam, um das Teil zu vermessen und sicherzustellen, dass es mit den Satzungen der Wohngegend vereinbar war. Jemand muss Steve zuvor gewarnt haben, denn er bereitete sich auf den zu erwartenden Widerstand vor, indem er Rechen und Schaufel im Kofferraum des Wagens verstaute und dem Inspektor mitteilte, es handele sich um einen aufwendiger gestalteten Gartenschuppen. Schließlich forschte Steve selbst nach, wie die Leute *wirklich* zu seinen fabelhaften Heckflossen standen. Um die öffentliche Meinung zu ermitteln, brachte er das Mikrofon eines Babyfons versteckt am versenkten Wagen an und konnte so Unterhaltungen der Passanten mithören. Ergebnis: 80 Prozent waren dafür, 20 Prozent dagegen. Die beste Geschichte trug sich jedoch vor Jahren zu, als mitten in der Nacht ein Typ auf Acid an dem Wagen vorbeikam, dessen Hecklichter grellrot blinkten; für den LSD-Berauschten bedeutete dies den Horrortrip seines Lebens.

Damit das Exponat lebendig und interessant bleibt, streicht Steve den Caddy alle paar Jahre in neuen Farben an. Derzeit ist er weiß mit coolem schwarzen Motiv auf dem Kofferraum, das ein lokaler Graffiti-Künstler, ein Angehöriger der First Nations, der Ureinwohner Kanadas, kreierte. Von Zeit zu Zeit, so Steve, kämen auch Leute vorbei und ließen Metallkunst da, wovon er einiges in seiner Vorgarten-Galerie ausstellt.

Adresse 3056 West 6th Avenue, Vancouver, BC V6K 1X3, www.facebook.com/coupedevilla | **Anfahrt** mit dem Auto, begrenzte Parkmöglichkeiten im Viertel | **Öffnungszeiten** immer zugänglich | **Tipp** Noch mehr Chrom gibt es beim nahe gelegenen Sunshine Diner (2649 West Broadway, Vancouver, BC V6K 2G2), einem klassischen Diner im Stil der 1950er in Kitsilano, wo lebensgroße Elvis-, James-Dean- und Marilyn-Puppen die Gäste begrüßen.

8 The Billy
Bar, Bier und Bomber

Wer die »Billy Bishop/Kerrisdale Legion« betritt, begibt sich in eine gut geheim gehaltene Zeitmaschine. Man gehe die unscheinbare Straße entlang, mache das ebenso unscheinbare Gebäude aus, checke auf Google Maps, ob man auch wirklich richtig ist, und trete beherzt ein.

Plötzlich findet man sich in einem gemütlichen britischen Pub wieder, wie er von Fliegern der Luftschlacht um England von 1940 besucht wurde. Das Übertreten der Schwelle hat etwas Magisches. Viele meinen, solche »Legions« seien nur etwas für Veteranen, aber falsch: Jeder ab 19 Jahren ist herzlich zu einem kühlen Pint eingeladen.

Im Pub, der nach einem berühmten kanadischen Flieger-Ass aus dem Ersten Weltkrieg benannt wurde, William »Billy« Avery Bishop, findet man zahlreiche Devotionalien, die dem Träger des Victoria-Kreuzes und seinen Kameraden gewidmet sind. Von der Decke hängen Modelle der Nieuport 17C von 1917 und der S.E. 5a, die er 1918 flog. Neben seinem Porträt über dem Kamin befinden sich Tafeln mit den Abzeichen der sechs Einheiten, in denen er diente.

The Billy wurde 1945 von einer Gruppe von Veteranen der Royal Canadian Air Force (RCAF) gegründet; da überraschen die vielen Originalstücke aus dem Zweiten Weltkrieg nicht. Über 100 Bilder schmücken die Wände – darunter gerahmte Drucke von Kriegsmalern und einige Bilder mit Autogrammen der Flugzeugbesatzung. Die Privatsammlung von über 500 Regiments- und Geschwader-Abzeichen ist die größte Kanadas. Über der Bar hängt der Propeller einer zweistrahligen Avro Anson. Ein weiterer Propeller überragt das Klavier. Der Rost des Kamins besteht aus Pleuelstangen eines Flugzeugmotors aus dem Zweiten Weltkrieg. Außerdem gibt es ein amüsantes Bild des Legionspräsidenten Walter Buswood, wie er während des Hochwassers von 1967 auf einem Floß im Pub herumpaddelt. Eine Erinnerung daran, dass The Billy das einzige Gebäude in der Umgebung ist, das noch auf dem Originalniveau aus der Zeit vor der Besiedlung steht.

Adresse 1407 Laburnum Street, Vancouver, BC V6J 3W4, Tel. +1 (604)568-4130, www.billybishoplegion.org, info@billybishoplegion.org | **Anfahrt** mit dem Auto, nächste Parkgelegenheit am Kitsilano Beach (in der Arbutus Street) oder im nahe gelegenen H. R. MacMillan Space Centre | **Öffnungszeiten** Mo–Do 16–22.30 Uhr, Fr 15.30–23.30 Uhr, Sa 16–22.30 Uhr, So 14–21.30 Uhr | **Tipp** Der pittoreske Kitsilano Beach mit wunderschönen Sonnenuntergängen eignet sich gut zum Leutebeobachten und ist nur einen zehnminütigen Spaziergang entfernt (Cornwall Avenue am Nordende der Yew Street, Vancouver, BC V6J V6K).

9 Das Blauwalskelett
Das größte Kanadas

Wer gigantische Raritäten aus dem Wasser liebt, sollte sich die Blauwalknochen im Beaty Museum ansehen. Das imposante Skelett ist das größte Kanadas und einer von lediglich 21 vollständig erhaltenen Knochensätze weltweit, die in einer öffentlichen Ausstellung zu sehen sind. Die eindrucksvollen Knochen, 26 Meter lang, mit einem Gesamtgewicht von 80.000 Kilogramm, sind alles, was von einem Wal übrig blieb, der 1987 bei Prince Edward Island angespült wurde und 20 Jahre lang unterm Sand begraben war, dann exhumiert, von Fettresten befreit und zur University of British Columbia verschifft wurde, wo er seit 2010 zu besichtigen ist.

Nach diesen spektakulären Dimensionen lohnt es sich, auch die anderen über 500 Exponate anzuschauen, die in den sechs Dauerausstellungen des Museums zu sehen sind. Die Sammlung des Museums beinhaltet insgesamt über zwei Millionen Stücke; einige davon wurden schon vor über 100 Jahren zusammengetragen.

Die »Cowan Tetrapod Collection« etwa (Tetrapode bedeutet Vierfüßer oder von Vierfüßern abstammend) umfasst über 40.000 Stücke aus 2.500 Arten. Neugierig, wie ein roter Panda aussieht? Oder das Vancouver-Murmeltier, Vorbild für das Olympia-Maskottchen »MukMuk«? Wie wäre es mit der ausgestorbenen Carrier-Taube oder dem Schnabeltier? Auch die größte Sammlung heimischer Pflanzen aus British Columbia, Kanadas drittgrößte Fischsammlung und Hunderttausende Insekten warten darauf, Besucher in Staunen zu versetzen.

Beliebt ist die 30 Meter lange horizontale Timeline, die 4,54 Milliarden Jahre der Erdgeschichte abdeckt – ein Schritt an ihr entlang entspricht 100 Millionen Jahren. Apropos Zeitreisen: Der Kinofilm »A World Beyond« mit George Clooney wurde ganz in der Nähe gedreht. Falls Sie also während des Besuchs irgendwie an die New Yorker Weltausstellung von 1964 denken müssen – das ist der Grund.

Adresse 2212 Main Mall, Vancouver, BC V6T 1Z4, Tel. +1 (604)827-4955, www.beatymuseum.ubc.ca, info@beatymuseum.ubc.ca | **Anfahrt** mit dem Auto; nächste gebührenpflichtige Parkmöglichkeit ist die UBC Health Sciences Parkade | **Öffnungszeiten** Di–So 10–17 Uhr | **Tipp** Noch mehr große Knochen sind im Pacific Museum of Earth zu sehen (6339 Stores Road, Vancouver, BC V6T 1Z4, www.pme.ubc.ca), wo es eine 13 Meter lange Nachbildung eines 80 Millionen Jahre alten marinen Elasmosaurus gibt sowie weitere Fossilien, Steine, Mineralien und Edelsteine.

10 Block 1700 Dunbar Street
Leben in der Zeitkapsel

Kaum eine Straße Vancouvers nimmt uns noch auf eine echte Zeitreise mit. Wer jedoch die Dunbar Street auf der Höhe des Blocks mit den 1700er-Hausnummern entlangspaziert, sieht sich wahrhaftig in eine vergangene Ära zurückgebeamt. Abgesehen von den parkenden Autos hat sich hier in den letzten 108 Jahren sehr wenig verändert. Die meisten Straßen Vancouvers schmücken sich entweder mit einem Mix aus alten und neuen Häusern oder, im Zuge der Gentrifizierung, mit trendig schicken Eigentumswohnungen. Der einzigartige Block in der Dunbar Street jedoch steht seit 1911 vollkommen unverändert da.

In jenem Jahr begann der Bauherr Samuel Wellington Hopper – Jahrgang 1872 – damit, hier zehn großzügige, sehr ansehnliche Eigenheime zu errichten, die noch heute beide Straßenseiten säumen. Laut den Bewilligungsunterlagen der Stadt erwarb er alle zehn Grundstücke um die Jahrhundertwende. Die Umsetzung kostete ihn zwischen 3.000 und 7.000 Dollar je Haus. Jedes einzelne stellt eine verklärte Version des kalifornischen Bungalows dar, ein Stil, der damals schwer in Mode war. Bemerkenswert sind die erhöhten Balkone und die charakteristischen Dachgauben. Die Originalbewohner von 1911, teils berufstätig, teils schon im Ruhestand, waren eine interessante Mischung aus Bauunternehmern sowie anderen Unternehmern, einem Priester und einem Arzt. Der Hausnummer 1725, obwohl nicht das hübscheste Haus vor Ort, kommt historische Bedeutung zu. Der kanadische Fotograf J. F. Spalding lebte hier über 30 Jahre. Er kaufte das Grundstück 1927 und betrieb in seinem Haus ein Ansichtskarten- und Fotogeschäft. Die Farbfotografie war noch nicht erfunden; die Gattin kolorierte die Karten per Hand. Abgebildet waren Stadtszenen und einige der herrlichsten Landschaften Westkanadas.

Spalding starb 1958. Vor 40 Jahren wurde aus seiner ehemaligen Heimstatt ein Doppelhaus. Kurioserweise wohnt hier heute ein Fotograf, der in Spaldings Todesjahr geboren wurde.

Adresse Dunbar Street zwischen 1st und 2nd Avenue, Vancouver, BC V6R 3L9, http://maltwood.uvic.ca/spalding/introduction.html | **Anfahrt** mit dem Auto, Parkmöglichkeiten in der Straße | **Öffnungszeiten** immer zugänglich; nur von außen zu besichtigen | **Tipp** 1970, lange nachdem die Häuser in der Dunbar Street erbaut wurden, eröffnete Banyen Books & Sound, Kanadas umfassendster Buchladen zu metaphysischen Themen, der nur zwei Blocks von der alten Häuserreihe entfernt liegt (3608 West 4th Avenue, Vancouver, BC V6R 1P1, www.banyen.com).

11 Das BowMac-Schild
Leuchtgiganten

Im Jahr 1958 überragte Nordamerikas größtes frei stehendes Schild am West Broadway 1154 den Bürgersteig und pries stolz den hier ansässigen Autohändler BowMac an. Die kolossale, fast 25 Meter hohe Konstruktion war noch aus 30 Kilometer Entfernung zu sehen und war eines der höchsten beleuchteten Bauwerke der Stadt.

Heute würde man meinen, seine 1.200 weiß glühenden Glühbirnen und die großen Neonröhren hätten eher nach Las Vegas gehört als ins verschlafene kleine Vancouver. In den späten 1950ern jedoch galt Vancouver als Neon-Hauptstadt Nordamerikas; Dutzende kleinere kunstvolle Schilder verteilten sich über die Stadtlandschaft.

In den späten 1980ern und 1990ern wurden die Beschilderungsgesetze in Vancouver verschärft, und der altmodische Leucht-Turm stach aus dem Rest Vancouvers heraus wie eine Fackel. Einige Anwohner sahen eine Gefahr bei Erdbeben, andere beschwerten sich über Lärm und Lichtverschmutzung. Für wieder andere war er schlicht ein alter Schandfleck.

Die Auseinandersetzungen fanden kein Ende, und 1997 wäre das rot-blau-weiße Schild beinahe abgerissen worden. Da schritt die Stadt ein und überließ im Zuge eines Heritage Revitalization Agreement, eines Gesetzes, das es vorsah, alten Gebäuden neues Leben einzuhauchen, das Ding der Spielwarenkette Toys »R« Us, die nun ihr Logo darüber anbringen durfte. Das alte BowMac-Schild, dem Denkmalstatus zuerkannt wurde, blieb also erhalten.

BowMac stand für Bowel-McDonald, später Bowell-McLean. Dort wurden Cadillacs, Pontiacs und Buicks verkauft. Im Toys »R« Us (»Spielzeug, das sind wir«) im Schatten des alten Leuchtgiganten hingegen gibt es Barbies, Lego oder Videospiele. Da in Vancouver immer mehr traditionelle Ladengeschäfte durch Luxuswohnungen ersetzt werden, steht die langfristige Zukunft des Schildes in den Sternen.

Am besten schaut man es sich bei Tageslicht an. Obwohl noch alle Bestandteile intakt sind, ist es seit Jahren nicht erleuchtet gewesen.

Adresse 1154 West Broadway Street, Vancouver, BC V6H 1G5 | **Anfahrt** mit dem Auto, Parken an der Straße | **Öffnungszeiten** immer zugänglich | **Tipp** Eines der Kult-Neonschilder Vancouvers pries in den 1930ern die Restaurantkette »Aristocratic Restaurant« an. Eine funktionierende Replik samt Restaurant-Maskottchen Ritsy und dem Slogan »Courteous Service, Quality Food, All Over Town« (»Vornehmster Service, hochwertigste Speisen, in der ganzen Stadt«) kann heute am Originalstandort besichtigt werden. Die Ecke beherbergt nun den Buchladen Chapters Indigo Books, der das Artefakt im Schaufenster ausstellt (2505 Granville Street, Vancouver, BC V6H 3G7, www.facebook.com/indigogranville).

12 Die Brassneck Brewery
Coole Vibes

Vancouver wartet mit vielen exzellenten Brauhäusern und Craft-Beer-Herstellern auf, den Verkostungsraum bei Brassneck allerdings muss man wirklich erlebt haben. Die grob behauenen hölzernen Wände, die Eisenstühle, der Zementboden und die Zapfhähne aus Messing bilden eine stimmungsvolle Bühne, die sich vom kommerziellen Mainstream stark abhebt. Besser noch: Ein Besuch hier gleicht einer Reise in eine Zeit, als Brauereien nur gutes Bier brauen und nicht die Welt erobern wollten. Trotz der Popularität der Marke und des Erfolgs des Produkts haben die Inhaber sich entschlossen, nicht zu expandieren. Dies hier ist alles, dies ist ihre einzige Produktionsstätte. Hier fühlt man sich nicht wie in einer Bar, sondern wie im Keller eines Kumpels. Die Unterhaltungen sind locker, die Vibes cool. Fremde werden zu Nachbarn, der Stress auf der Arbeit und die Probleme der Welt fallen von einem ab. Möglicherweise wirkt auch nur das Bier im belgischen Abtei-Stil.

Apropos Bier: Wann immer man herkommt, ist eine Handvoll Favoriten zapfbereit – zusammen mit ein paar Überraschungen. Man besucht also nie zweimal den gleichen Ort. Die irrsinnig kreativen Brauer haben seit der Eröffnung 2013 nahezu 100 Sorten entwickelt, jede mit einem Aroma so bemerkenswert wie ihr Name. Manchmal reizt es einen, nur nach Laune zu bestellen. Ein »Passive Aggressive« oder ein »Identity Crisis« gefällig? Manchmal machen sich die Bezeichnungen über die Zutaten lustig: Das »Magician's Assistant« (»Assistentin des Zauberers«) ist ein sehr trockenes, herbes Blondes. Wen die Auswahl erschlägt, der kann sich immer noch in einem Krug Bier mit nach Hause nehmen.

Wer dazu gern etwas Herzhaftes zu knabbern hätte, kann sich mit sechs Sorten Wurst und riesigen Bierbrezeln eindecken. Wem das nicht reicht: Es steht oft ein Foodtruck mit Leckerem draußen vor der Tür; von dort kann man sich etwas Herzhaftes mit nach drinnen an den Tisch holen.

Adresse 2148 Main Street, Vancouver, BC V5T 3C5, Tel. +1 (604)259-7686, www.brassneck.ca, info@brassneck.ca | **Anfahrt** mit dem Auto, Parken in Lot 17 (199 East 7th Avenue) | **Öffnungszeiten** Mo–Fr 14–23 Uhr, Sa, So 12–23 Uhr | **Tipp** Direkt um die Ecke bietet The Whip leckere Bissen und die Möglichkeit, seine Bekanntschaft mit dem Viertel Mount Pleasant zu vertiefen. Jeden Sonntag um 16 Uhr kann man hier Craft Beer aus Vancouver probieren (6th Avenue, Suite 209, Vancouver, BC V5T 1J7, www.thewhiprestaurant.com).

13 Cartems Donuts
Kringel mit Geschichte

Es gibt nur weniges, was kanadischer wäre als Donuts. Sich in einem Gebäude, das mit der Verwandlung British Columbias von einer britischen Kolonie in eine kanadische Provinz historisch verknüpft ist, einen dieser Teigkringel zu gönnen, ist daher gerade für patriotische Historiker ein besonderer Genuss.

Während die erste Ladenfront von Cartems Donuts in der Pender Street zu finden war, ist es dieses Ladenlokal in der Main Street, das sich an einem besonderen Ort von Vancouvers – und Kanadas – Geschichte befindet. Das Backsteingebäude steht hier seit 1912 und gehörte einst Israel Wood Powell, einem Arzt, Geschäftsmann und Politiker, der entscheidend dazu beitrug, British Columbia mit Kanada zu vereinen. Neben vielen anderen Meriten gedenkt man seiner als demjenigen, der die erste kanadische Flagge nach BC brachte und sie am 1. Juli 1871 dem Victoria Fire Department schenkte. Erhalten hatte er sie von seinem Kumpel Sir John A. Macdonald, dem ersten kanadischen Premierminister.

Vor 100 Jahren war dies ein Lebensmittelladen. Fünf Schichten aus Linoleum und Teppich mussten entfernt werden, um den ursprünglichen Nadelholzboden wieder zum Vorschein zu bringen. Die antiken Balken und das geriffelte Glas über den Frontfenstern ziehen den Blick zu den dreieinhalb Meter hohen Decken empor. Das Ambiente steht wie eine treffende Metapher für die Eigenschaften des Produkts: einfache, ehrliche, heimelige Donuts ohne jeden Schnickschnack, die mit Biomehl aus einer Mühle in Chilliwack, Milch aus Molkereien in Abbotsford und Burnaby und Gewürzen von einer nachhaltig wirtschaftenden Familienfirma auf Cortes Island gemacht werden.

Bei all diesem rohen Charme ist es kein Wunder, dass schon mehrere TV-Produktionen den Ort als Location nutzten. Der Donut-Laden erschien – als Kaffeegeschäft – in der Comedy-Serie »Imposters«, während eine der Suiten der Ashnola-Apartments über dem Shop als Daniels Wohnung in »Stargate SG1« diente.

Adresse 2190 Main Street, Vancouver, BC V5T 3C5, Tel. +1 (778)707-1114, www.cartems.com, hey@cartems.com | **Anfahrt** mit dem Auto, gebührenpflichtiges Parken in der Main Street und der East 6th Avenue | **Öffnungszeiten** Mo–Fr 7–22 Uhr, Sa 9–22 Uhr, So 9–20 Uhr | **Tipp** Sollte historische Architektur Ihren Appetit anregen, so lohnt ein Besuch der Gene Coffee Bar, einen kurzen Fußweg weiter südlich in der Main Street (2404 Main Street, Vancouver, BC V5T 3E2, genecoffeebar.com). Sie liegt im kultigen dreieckigen Wosk Block, einem seltenen Beispiel für die Architektur der Streamline-Moderne.

14 Das Catfe
Kaffee mit Katzen

Sie sind auf der Suche nach der perfekten Kaffeepause? Sie brauchen im hektischen Alltag Ruhe und Entspannung – und nur eine flauschige Begegnung kann Ihnen noch helfen? Katzen scheinen unsere besten Eigenschaften zum Vorschein zu bringen. In unserer geschäftigen Welt kann es jedoch zu teuer und zu anstrengend sein, einen eigenen Stubentiger zu halten – immerhin muss er täglich gefüttert werden.

An der Grenze zwischen Chinatown und Gastown findet man die Lösung: In diesem Coffeeshop genießen Sie die Gegenwart von acht bis zwölf entspannten Feliden in einer sauberen, geruchsneutralen Lounge. Stellen Sie sich die beruhigende Wirkung vor, wenn Sie mit der einen Hand den Kaffee umrühren und mit der anderen sanft eine Katze auf dem Boden streicheln, mit einem der Schmusetiere auf dem Schoß einen Latte schlürfen oder sie einfach bei ihrem Katzenalltag beobachten, der oft aus süßem Nichtstun besteht.

Apropos: Es ist eine gute Idee, rechtzeitig online zu reservieren, denn manchmal wird hier einfach für eine Stunde dichtgemacht, um sicherzustellen, dass die Tiere nach einer ausgiebigen Runde Schlummern dem nächsten Ansturm der Vergötterung gewachsen sind. Bedenken Sie, dass Katzen morgens aktiver sind und gern in der Nachmittagssonne dösen. Online kann man auch das Who's who einsehen, komplett mit Namen und niedlichem Bild. So was kann man sich nicht ausdenken.

Wer an Miezen nicht gewöhnt ist: Keine Sorge! Das freundliche Team im Café wird Sie auf subtile Tricks hinweisen, mit deren Hilfe Sie schnell deren Gunst erlangen. Zunächst einmal sollten Sie die Katzen nicht hochnehmen – sondern darauf warten, dass sie Ihnen auf den Schoß hüpfen oder anders die Initiative ergreifen. Eine Broschüre klärt darüber auf, wo sie gern gestreichelt werden.

Alle Katzen stammen aus dem Tierheim BC SPCA und können adoptiert werden. Wer nur ein Souvenir möchte, wird fündig im Gift-Shop mit Miau-Morabilien.

Adresse International Village Mall, 88 West Pender Street, Unit 2305, Vancouver, BC V6B 6N9, Tel. +1 (604)379-0060, www.catfe.ca, info@catfe.ca | **Anfahrt** SkyTrain bis Stadium-Chinatown (Expo Line); mit dem Auto, gebührenpflichtiges Parken in der Nähe | **Öffnungszeiten** siehe Website, am besten im Voraus buchen | **Tipp** Große Katzen – Steinlöwen – bewachen den Eingang zur historischen Chinatown nur zwei Minuten zu Fuß entfernt (West Pender Street und Taylor Street, Vancouver, BC V6B 2T2). Die Tatze der Löwin liegt auf einem ihrer Jungen, während diejenige des Löwen auf einem Ball ruht. Der Legende nach trugen beide Katzen polierte Granitkugeln im Maul – was aus diesen wurde, ist unbekannt.

15 Das CFUN-Haus
Edel ohne Ende

Wer die Wendeltreppe zum Hauptgeschoss des Heilsarmeeladens in Kitsilano, des Salvation Army Thrift Store, hochsteigt, hört bereits die klangvolle dunkle Stimme eines der berühmtesten, supercoolsten früheren DJs Kanadas, der begeistert auflegt, was der Plattenteller hält. »Und ständig kommen frische Hits rein!«

In den 1960ern war CFUN der erfolgreichste Top-40-Sender Westkanadas; seine Markenzeichen waren ein Stall voller supertalentierter und populärer Ansager, Ohrwurm-Jingles, eine Riesenantenne auf dem Dach, ein gigantisches Neonschild, das die Straße überragte, sowie eine Playlist voll derart grooviger Rock-'n'-Roll-Songs, dass der Schlag der Jeans mitschunkelte. Die Moderatoren, insbesondere der in die Rock and Roll Hall of Fame aufgenommene Red Robinson, waren legendär und wurden als »CFUN Good Guys« promotet.

Der damals supermoderne Radiosender wurde im Jahr 1959 gebaut. Mittlerweile sind seine schalldichten Schalträume, die akustisch perfektionierten Aufnahmestudios und die umfassende Schallplattensammlung in einen Secondhandladen der Heilsarmee umgewandelt worden – und in was für einen! Edelgüter zu Schnäppchenpreisen ohne Ende. Das Viertel Kitsilano quillt dermaßen über von Reichtum, dass Wohnhäuser heute im Schnitt schwindelerregende zwei Millionen Dollar kosten. Die Spenden der Betuchten reichen von Luxusmöbeln bis zu Designerklamotten.

Secondhandläden hat die Heilsarmee in Kanada schon betrieben, lange bevor die Hits der Beatles, Rolling Stones oder Beach Boys die Scheiben des CFUN zum Rotieren brachten. Seit über 100 Jahren bereits sammelt »Sally Ann« über Gebrauchtwaren Geld, um ihre Sozialprogramme und -services zu finanzieren. Heute findet man unter dem trendigen Trödel auch Sammlerstücke, Antiquitäten, Textilien und Haushaltswaren. Sogar eine Lavalampe könnte gelegentlich dabei sein.

Adresse 1906 West 4th Avenue, Vancouver, BC V6J 1M5, Tel. +1 (604)737-2444, www.thriftstore.ca/locations | **Anfahrt** mit dem Auto, gebührenpflichtiges Parken in der 4th Avenue | **Öffnungszeiten** Mo–Fr 9–21 Uhr, Sa 9–19 Uhr | **Tipp** Wenn Secondhandplatten Ihr Ding sind und Sie eine höhere Qualität als im Thrift Store schätzen, ist Zulu Records, einer von Vancouvers ältesten und bekanntesten Vinyl-Läden, der Ort Ihrer Wahl (1972 West 4th Avenue, Vancouver, BC V6J 1M5, www.zulurecords.com).

16 Der »Chicken Coop«
Hier begann Loretta Lynn

Vancouver ist nicht die erste Stadt, die einem in den Sinn kommt, wenn man an Orte denkt, an denen amerikanische Country-Stars ihren Durchbruch erlebten. Da dächte man eher an einen Club in Nashville, einen Radiosender in Memphis oder vielleicht Gilley's Honky Tonk in Pasadena, Texas. Im Fall von Loretta Lynn jedoch war es ein Hinterhof-Hühnerstall im Südosten von Vancouver.

Damals war die Stadt noch halb ländlich geprägt. Ernest McGregor und seine Frau Irene Loranger lebten auf einer Farm am Nordarm des Fraser River und sparten auf einen Landkauf. Als 1949 in der Nähe eine Farm in Wohngrundstücke aufgeteilt wurde, griffen sie zu und bauten in der Kent Avenue nahe dem Ende der Elliott Street ein Haus. Zum Grundstück gehörte ein Hühnerstall. Da die beiden Musik und Tanz lieber mochten als Hühner, machte das Paar einen provisorischen Tanzsaal daraus. Ernest kümmerte sich um den Sound, der Schwof war bald legendär. Auftritt der zwei Manager der frisch gegründeten Plattenfirma Zero Records: Don Grashey und Chuck Williams auf Talentsuche. Eine ihrer ersten Künstlerinnen unter Vertrag war Sandi »Shore« Loranger, Irenes Nichte. Diese erzählte ihnen von dem Riesenspaß im Stall. Währenddessen lebte Loretta Lynn keine 50 Kilometer entfernt in Custer, Washington, und versuchte, im Musikgeschäft unterzukommen. Auch sie hörte vom legendären Hühnerstall, fuhr hin und beschloss, dort einen Gig zu spielen. An diesem Punkt greift das Schicksal ein. Die Plattenmanager erleben ihren Auftritt und nehmen sie unter Vertrag. Binnen eines Jahres kommt Lynns erste Platte heraus; mit der Zeit verkauft sie 45 Millionen Alben, schreibt 24 Hit-Singles, platziert elf Alben vorn in den Charts und wird zur meistdekorierten Frau der Country-Musik.

Ernest und Irene lebten bis in die 1970er in der Kent Avenue. Die sich ausbreitende Stadt verschlang jedoch schließlich den Hühnerstall. Erstaunlich: Ihr bescheidener Bungalow steht noch.

Adresse 2541 East Kent Avenue, Vancouver, BC V5S 2H7 | **Anfahrt** mit dem Auto, Parken in der East Kent Avenue | **Öffnungszeiten** immer, nur von außen zu sehen | **Tipp** Den Fraser Shore Trail findet man gegenüber auf der anderen Straßenseite. Er bietet großartige Sicht auf den Schiffsverkehr auf dem Fluss und eine Ahnung der Holzfäller-Vergangenheit der Gegend. Wer einen Kilometer nach Osten geht, kann sich bei Romers Burger Bar mit einem von Vancouvers besten Burgern belohnen (8683 Kerr Street, Vancouver, BC V5S 0A4, www.romersburgerbar.com).

17 City Farmer
Kompost-Hochkultur

Gute Bio-Ideen, die mit Leidenschaft, profunden Kenntnissen und Geduld zur Entfaltung gebracht werden, wachsen und gedeihen zumeist. Als die Stadt Vancouver es ihren Einwohnern gestattete, kleine Gartengrundstücke entlang einer aufgegebenen Eisenbahnlinie abzutrennen und dort Obst und Gemüse anzubauen, war dies der Keim einer prosperierenden Aktion. Es klappte so gut, dass die Stadt mehr und mehr leer stehende Grundstücke freigab – ehe man sich's versah, blühten die 1,80 mal 3,60 Meter großen Parzellen auf.

Die ackernden, düngenden und wässernden Anwohner hatten allerdings auch so manche Frage zur besten Gärtnertechnik oder den geeigneten Pflanzkandidaten. Daraus erwuchs »City Farmer«, ein wunderbares Informationszentrum, gelegen am Bahndamm, das fröhliche Freiwillige zusammen mit Festangestellten betreiben, die den Einheimischen beibringen, wie man in der Stadt Essbares anbaut, Abfall kompostiert und sich um die Umwelt kümmert. Kurse, Vorführungen, Workshops, Bücher und Schülerausflugsziele – es ist alles da in diesem freundlichen Gebäude, das von 3.000 Quadratmetern Land mit üppiger Vegetation inmitten der City umgeben ist.

Gönnen Sie sich wenigstens eine Stunde, um den Klimaanpassungs-Garten, das grüne Dach, die Lehmhütte, den Bio-Garten, die durchlässige Straße, den natürlichen Rasen, den Wassergarten, die Wurm- und Hinterhofkomposter, den Bienenstock und vieles mehr zu sehen. Das Wissen wird hier in aller Vielfalt, ansteckend und natürlich mit Wachstumsgarantie vermittelt.

City Farmer war seiner Zeit voraus und knüpfte früh ein Netz – nicht wie eine Spinne, sondern im Internet. Geschäftsführer ist der ewig vorausdenkende Computer-Crack Michael Levenston, der die weltweit erste Website zum Thema Urban Gardening entwickelte. Heute gedeihen im Netz zwei wichtige Websites, die beide der Zeitungsveröffentlichung »City Farmer« entsprangen, die wiederum 1978 startete.

Adresse 2150 Maple Street, Vancouver, BC V6J 3T3, Tel. +1 (604)736-2250, www.cityfarmer.info, www.cityfarmer.org, cityfarmer@gmail.com | **Anfahrt** mit dem Auto, Parken in der Straße | **Öffnungszeiten** Mo–Sa 9–16 Uhr | **Tipp** Nur in einer Stadt wie Vancouver begegnet man »Rolls-Royce Motor Cars of Vancouver« lediglich einen Block von den Hunderten uriger Stadt-Gärten entfernt. Man stelle sich einen Phantom VII vor, der einen Kofferraum voll Kompost abtransportiert (1809 West 5th Avenue, Vancouver, BC V6J 1P5, www.rolls-roycemotorcars-vancouver.com).

18 — Das Commodore Lanes
Kanadas älteste Bowlingbahn

Ihre besten Tage hat sie lang hinter sich. Wer diese Bowlingbahn nicht besucht, verpasst jedoch nicht nur eine wirklich spaßige Art, Vancouver zu entdecken, sondern es entgeht ihm auch ein ungewöhnliches Kapitel der Sportgeschichte, und das aus vielen Gründen: Es handelt sich um die älteste Bowlingbahn Kanadas und um die erste, die Bowlingschuhe verlieh. Hier rollte auch die erste Frauenliga ihre Kugeln. Der Billardsaal rühmt sich, der letzte ursprüngliche Billardsaal der Stadt zu sein. Wäre Jeff Bridges' Kult-Rolle, der »Dude«, aus Vancouver, dann wäre klar, wo er abhängt.

Apropos »abhängen«: Viele Stars waren schon in diesem Lokal, seit es 1930 seine unterirdischen Pforten unterhalb des Commodore Ballroom öffnete. Der Legende nach galoppierte anno 1932 der Hollywood-Cowboy Roy Rogers für ein paar Billardrunden hoch zu Ross vom Pantages Theatre hierher. Die einen sagen, er »parkte« sein Pferd Trigger draußen. Andere behaupten, er sei die Stufen hinabgeritten. Clark Gable (Rhett Butler in »Vom Winde verweht«), Jack Benny (»The Jack Benny Show«) oder Buster Crabbe (»Flash Gordon«) haben ebenso vorbeigeschaut. An der Beliebtheit hat sich in der ganzen Zeit nichts geändert; noch immer verspricht der alte Slogan »einen Ort der angenehmen Stunden«.

Eine weitere schräge Spezialität besteht darin, dass hier kein 10-Pin-Bowling praktiziert wird, sondern nach kanadischer Tradition nur fünf Kegel im Einsatz sind. Der Sport-Folklore zufolge erfand Thomas F. Ryan aus Toronto das 5-Pin-Spiel 1909, nachdem sich Kunden beschwert hatten, die 10-Pin-Kugeln seien zu schwer. Wem also die Bowlingkugeln bislang zu schwer waren, der mag sich hier leichter tun. Und wer mit noch leichteren Kugeln spielen möchte, der sei auf die Billardtische, die Kickertische und die Flipperautomaten verwiesen. Das Commodore hat die Lizenz zum Alkoholausschank. Gönnen Sie sich also einen White Russian, während Sie Ihren inneren Dude anrufen.

Adresse 838 Granville Street, Vancouver, BC V6Z 1K3, Tel. +1 (604)681-153, www.commodorelanes.com, commodorelanes@yahoo.com | Anfahrt SkyTrain bis Vancouver City Centre (Canada Line); mit dem Auto, Parkmöglichkeit im Pacific Centre Parking in der Howe Street Nummer 818 | Öffnungszeiten So–Do 11–23.30 Uhr, Fr 10–0.30 Uhr, Sa 11–0.30 Uhr | Tipp Kegeln in Vintage-Montur ermöglichen die eklektischen Sammlungen bei »F as in Frank« (2425 Main Street, Vancouver, BC V5T 3E1, www.fasinfrankvintage.com) oder »Mintage« (1714 Commercial Drive, Vancouver, BC V5N 4A3, www.mintagevintage.com).

19 __ Der CRAB Park

Kleinod im Herzen Vancouvers

Es gibt städtische Parks wie den Central Park in New York oder den Hyde Park in London – und dann gibt es den CRAB Park. Obwohl er viel kleiner ist, wirkt er urbaner als diese viel berühmteren Grünanlagen, weil hier wirklich etwas los ist. Von hier aus sieht man große Frachter, Kreuzfahrtschiffe, Ausflugsboote, Wasserflugzeuge, Hubschrauber und selbst Züge über das Wasser gleiten beziehungsweise am Ufer entlangfahren. Trotz des pulsierenden Lebens rundherum ist der Park ein beschaulicher Ort.

Sein Name scheint nahezulegen, dass hier eine Menge Fischmahlzeiten zubereitet wurden, dies ist jedoch nicht der Grund für die Bezeichnung CRAB Park. Ursprünglich hieß er Portside Park. CRAB ist das Akronym für ein Bürgerkomitee der Eastside, das in den 1980ern erfolgreiche Lobbyarbeit leistete »to Create a Real Available Beach«, »um einen wirklich zugänglichen Strand zu schaffen«, und zwar im Herzen des ehemaligen Industrieviertels. Der Übergangsname setzte sich so im kollektiven Gedächtnis fest, dass die Anlage seit 2004 offiziell CRAB Park at Portside heißt.

Die Sicht auf das an der Nordseite der Schienen von Gastown gelegene Grün wird von älteren Gebäuden verdeckt – ein verborgenes Kleinod also. Die Geschichte des Parks reicht bis in die frühesten Tage von Vancouver zurück. Von den indigenen Völkern Squamish, Musqueam und Tsleil-Waututh, die in grauer Vorzeit durch diese Wasser schipperten, bis zu den Seefahrern, die heute Waren aus aller Welt an- und abtransportieren, haben diese 13 Morgen unberührten Uferlandes immer im Zentrum gelegen. 1866 gab es hier einen ersten inoffiziellen Fährbetrieb, den John »Navvy Jack« Thomas unterhielt. Neben einzigartigen Perspektiven auf Dowtown Vancouver verfügt der Park über einige bemerkenswerte Denkmäler, darunter den »Downtown Eastside Missing Women Memorial Stone«, ein Mosaik, das den japanischen Dampfer »Komagata Maru« darstellt, sowie den »Urban Indian Y2K Rock«.

Adresse 101 East Waterfront Road, Vancouver, BC V6A 4K3, Tel. +1 (604)257-8158, covapp.vancouver.ca | **Anfahrt** mit dem Auto, die nächsten gebührenpflichtigen Parkplätze sind im Impark No. 1216 in der Main Street und der East Waterfront Road | **Öffnungszeiten** immer zugänglich | **Tipp** Das Haus von Navvy Jack steht noch immer in der Argyle Avenue Nummer 1768 in West Vancouver, nur einen kurzen Fußweg von der Ferry Building Gallery entfernt (1414 Argyle Avenue, West Vancouver, BC V7T 1C2, https://ferrybuildinggallery.ca).

20 — Das Dark Table Restaurant
Essen in der Dunkelkammer

Haben Sie sich je gefragt, wie es wäre, wenn Sie das Essen auf Ihrem Teller nicht sehen könnten? Befeuert blindes Schmausen die anderen drei Sinne, das Gehör, den Geruchssinn und – in diesem Kontext entscheidend – den Geschmackssinn? Wer hier diniert, in einem der einzigartigsten, interessantesten und dunkelsten Restaurants Vancouvers, kann es selbst herausfinden.

Das Dark Table Restaurant funktioniert nach einem simplen, aber exzellent ausgeführten Konzept. Wie der Name schon sagt, isst man hier in totaler Finsternis. Das Licht wird nicht einfach nur stimmungsvoll heruntergedimmt, nein. Man sieht in etwa so viel wie in einer Dunkelkammer. Die Qualität der Gerichte jedoch leidet in keiner Weise.

Bevor die Kundschaft der Rabenschwärze ausgesetzt wird, darf sie noch von der erstklassigen Karte wählen. Ist das erledigt, geleitet ein blinder oder sehbehinderter Kellner den Gast an den Tisch. Nun dauert es ein Weilchen, bis man sich ein wenig eingewöhnt hat. Binnen kürzester Zeit jedoch laufen Gehör und Geruchssinn zur Hochform auf. Und kommt das Essen dann schließlich … Aber das muss man schon selbst erlebt haben.

Die Idee kommt aus der Schweiz, von einem Blinden namens Jorge Spielmann. Er verband seinen Dinnergästen die Augen, um ihnen buchstäblich vor Augen zu führen, wie sich das Speisen für Sehbehinderte anfühlt. Nach seiner Erfahrung genossen die Gäste dieses Erlebnis, da sie lernten, die zahllosen Geschmacksnuancen ganz neu wertzuschätzen.

Bei einem Besuch lernt man nicht nur mehr über die eigenen Sinne, sondern unterstützt auch die Community der Blinden in Vancouver. Hier wird der Spieß umgedreht, und die Sehschwachen führen die sehenden Gäste durch die Inszenierung. Man sollte jedoch keine Geräte mitbringen, die Licht aussenden; selbst die Leuchtziffern der Armbanduhr können das Erlebnis ruinieren.

21 Deadman's Island
Die Spukinsel im Norden

Deadman's Island kann man nicht wirklich besuchen, sondern sich allenfalls zum Tor vorwagen und am skeptischen Blick des Postens vorbeilinsen, der die Pforte zu der Marinebasis bewacht, die sich seit 1943 auf dem Eiland befindet. Nur weil man nicht hinkommt, sollte man es sich jedoch nicht entgehen lassen, zu erfahren, was man verpasst. Und wenn man es weiß, will man vielleicht gar nicht mehr hin, denn Deadman's Island steht im Ruf, eine der meistbespukten Inseln Nordamerikas zu sein. Obwohl hier alles ruhig und friedlich aussieht, war dieser Ort einst Schauplatz eines größeren Blutbades. Irgendwann im 18. Jahrhundert – das genaue Datum ist unbekannt – wurden hier im Gefolge eines Überfalls ihrer lokalen Konkurrenten 200 Krieger des Volkes der Küsten-Salish niedergemetzelt. Danach diente die Insel den Küsten-Salish als Begräbnisstätte. Nur wurden die Verstorbenen nicht begraben, sondern auf Plattformen in den Bäumen in Zedernkisten gelegt. Europäische Siedler entdeckten die Boxen. Bis 1870 wurden alle aus dem Astwerk entfernt und im Stanley Park bestattet.

Als die Traditionalisten, die sie waren, behielten die neuen Siedler des 20. Jahrhunderts den Ort als städtischen Friedhof bei. Britische Handelsseeleute, Arbeiter der Canadian Pacific Railway, Opfer des Brandes von 1886 und der Pockenepidemie 1896 ruhen alle auf der Insel. Während des Zweiten Weltkrieges, nachdem die Regierung das Land der kanadischen Marine übergeben hatte, hörten die Beisetzungen auf. Die Reservebasis HMCS Discovery ist nach dem Schiff George Vancouvers benannt, das hier in der Nähe am 13. Juni 1792 vor Anker ging. Schließen Sie die Augen, stellen Sie sich vor, wie es hier einst ausgesehen haben mag, und lauschen Sie dem Flüstern der Geister aus der Vergangenheit.

Obwohl der Ort für die Öffentlichkeit weitgehend unzugänglich ist, ist es Arnold Schwarzenegger gelungen, einige Szenen von »The 6th Day« hier zu drehen. Auch Folgen von »Danger Bay – Abenteuer in Vancouver« und »MacGyver« wurden auf der Basis gefilmt.

Adresse 1200 Stanley Park Drive, Vancouver, BC V6G 3E2 | **Anfahrt** mit dem Auto, Parken 20 Meter von der Basis entfernt auf der linken Seite; mit dem Fahrrad, eine Mobi-Bike-Station befindet sich am Parkplatz | **Öffnungszeiten** nur im Rahmen von Führungen zugänglich; Reservierung erforderlich | **Tipp** Wer es mit der Seefahrtsgeschichte hat, für den lohnt sich ein Besuch des Vancouver Naval Museum, das sich in der Marinebasis befindet (www.sites.google.com/site/vancouvernavalmuseum/welcome-aboard). Der Zutritt ist limitiert und nur nach Absprache möglich, aber der Besuch lohnt sich – und ist kostenlos.

22 Der Dude Chilling Park
Coole Basisdemokratie

»Dude« ist die moderne Bezeichnung für einen ziemlich coolen Typen, »chillen« bezeichnet neusprachlich abhängen oder relaxen. Vor ein paar Jahren entschied das Gremium des Vancouver Parks Board, das weder von Dudes geleitet wird noch besonders chillig ist, einem der Stadtparks der City offiziell den Namen Dude Chilling Park zu geben.

In der ruhigen Grünanlage im Viertel Mount Pleasant, die seit Jahrzehnten unter dem unscheinbaren Namen Guelph Park existiert hatte, wurde 1991 eine Skulptur namens »The Reclining Figure« (»Liegende Gestalt«) aufgestellt. Viele Anwohner sahen in der Figur einen »chillenden Typen«. Mit der Zeit setzte sich dieser Name immer mehr durch.

2012 stellte ein Künstler namens Victor Briestensky scherzeshalber oder um spielerisch auf die Beliebtheit des Parks hinzuweisen, ein dem offiziellen grünen Guelph-Park-Schild gleichendes Schild auf, nur dass darauf natürlich »Dude Chilling Park« zu lesen war. Das Parkaufsichtsgremium nahm Anstoß und entfernte das Schild.

Hier wird die Geschichte interessant und zur Vorzeigeübung in Basisdemokratie. Kurz nachdem die Aufsicht das Schild beseitigt hatte, taten sich die Anwohner zusammen und organisierten eine Petition mit 1.500 Unterzeichnern, in der gefordert wurde, den Park offiziell in Dude Chilling Park umzubenennen. Zwei Jahre gingen ins Land, dann jedoch, 2014, stimmte das Aufsichtsgremium der Namensänderung endlich zu.

Heute nennt sich das lokale Bier Dude Chilling Pale Ale, und die Saga vom Park und seinem Namen verbreitete sich auch jenseits von Vancouver. Der US-Late-Night-Talker Jimmy Kimmel machte in seiner Show eine Bemerkung zum Erfolg der Petition und sagte, dies sei einer von vielen Gründen, über einen Umzug nach Kanada nachzudenken.

Adresse 2390 Brunswick Street, Vancouver, BC V5T 3L8, www.vancouver.ca/parks-recreation-culture/new-public-art-in-guelph-park.aspx | **Anfahrt** mit dem Auto, Parkplätze rund um den Park | **Öffnungszeiten** immer zugänglich | **Tipp** Nehmen Sie eine Flasche Dude Chilling Park Beer als Souvenir mit. Zuerst jedoch trinken Sie eine eisgekühlte Flasche bei der R and B Brewing Company (54 East 4th Avenue, Vancouver, BC V5T 1E8, www.randbbrewing.com).

23 Der Earnest Production Store
Innovativer Eistempel

Wie eine Kugel Vanilleeis auf einem Stück heißer Apple Pie breitet sich die Beliebtheit des Earnest Production Store in Vancouver aus. Heute findet man den Eistempel viel leichter als vor sechs Jahren, als die Firma loslegte. Für die wahren Eis-Fans ist die Küche in der Frances Street der Ort der Wahl, um das Epizentrum der Produktentwicklung zu erleben. Hier kommt man in den Genuss, die neuesten Geschmacksrichtungen und Eisideen durchzuprobieren, Eis-Sandwiches etwa oder Sorten wie »Ghost Chocolate« (aus Kakaoschoten) oder »Spruce Bud« (aus Fichtenknospen).

Sind die Inhaber Ben Ernst und Erica Bernardi da – und die Chancen stehen gut –, kann man ihnen sogar sein persönliches Feedback geben. Nicht nur legen sie Wert darauf, ihre Zutaten nur von lokalen Farmen aus British Columbia zu beziehen, sie möchten auch ihrer Kundschaft zuhören, während sie neue Ideen entwickeln. Die Eiscreme gibt es in jedem ihrer vier Läden, die Produktionsküche jedoch ist ein besonders Erlebnis. Sie liegt in der Frances Street, weil das Gebäude hier ausreichend Platz bot und weil Ben und Erica das Viertel lieben. Allein sind sie nicht: Craft-Brauereien, -Brennereien, Boutique-Cafés, Restaurants und Kunstateliers reihen sich hier aneinander. Der Ort weist auch eine interessante Historie auf. Alte Karten verzeichnen hier die Keefer Street, 1929 jedoch wurde die Straße zu Ehren der ersten Krankenschwester im öffentlichen Gesundheitswesen, Fanny »Sister Frances« Dalrymple Redmond, umbenannt. In der Mitte der Straße ist noch zu erkennen, wo die Tramschienen der Georgia-East-Straßenbahn einst verliefen. Seit ihrem Verschwinden hat sich eine Menge verändert, aber es ist schön, zu wissen, dass es in der Stadt noch Raum für gute traditionelle Eiscreme gibt, die in Gläsern verkauft wird und von Menschen hergestellt wird, die lieben, was sie tun.

Adresse 1485 Frances Street, Vancouver, BC V5L 1Z2, Tel. +1 (604)428-2933, www.earnesticecream.com | **Anfahrt** mit dem Auto, Parken in der Frances Street | **Öffnungszeiten** Mi–So 14–22 Uhr | **Tipp** Wenn man schon einmal im Viertel ist, lohnt der Besuch einer der vielfältigsten und innovativsten Kulturarenen von Vancouver, The Cultch (1895 Venables Street, Vancouver, BC V5L 2H6, www.thecultch.com).

24 Engine 374
Besuch bei einer alten Dame

Heute sieht sie wieder phantastisch aus, es gab jedoch eine Zeit, in der diese Schönheit der Canadian Pacific Rail (CPR) ein heruntergekommenes Wrack war. Es begann mit ihrer Konstruktion in Montreal im Jahr 1886. Die brandneue Dampflokomotive, die mit Holz befeuert wurde und 10.000 Liter Wasser fasste, machte sich sofort auf den Weg nach Port Moody – als Lok des ersten Zuges, der Kanada nach Fahrplan durchquerte. 1887 zog sie den ersten transkontinentalen Zug nach Vancouver.

Als sie mit Lorbeeren geschmückt – samt stolzem Porträt Queen Victorias auf dem Schornstein und mit dem Slogan »Ocean to Ocean« auf dem Heizkessel – dort ankam, war dies ein Schlüsselmoment für die Stadt, das Land und das British Empire. Jubelrufe der Bürger begrüßten sie, Musik einer Kapelle und Pfiffe von den Schiffen im Hafen. Danach jedoch ging es mit ihr nur noch bergab. Über die nächsten 30 Jahre rackerte sie sich ab, Passagiere von hier nach da zu schleppen, bis sie im Jahr 1915 beinahe verschrottet worden wäre. Doch sie hatte Glück, wurde komplett wiederhergestellt und brachte weitere 30 Jahre Schienendienst hinter sich. 1945 jedoch war sie am Ende ihrer Kräfte und landete auf dem Abstellgleis.

Nostalgiker bei der Bahn verpassten der alten Dame eine Runderneuerung, sodass sie ihrem früheren Selbst zu Glanzzeiten wieder ähnelte, und schenkten sie der Stadt Vancouver. Diese schleppte sie – vielleicht mangels Ideen – hinaus nach Kitsilano Beach und überließ sie 40 Jahre den Elementen.

Endgültige Rettung kam erst von heimischen Bahn-Enthusiasten, die sich die Expo 1986 zunutze machten, bei der die Stadt Gastgeber war und die sich dem Thema Verkehr und Kommunikation widmete.

Das Ergebnis ist heute zu bewundern – eine bildschöne Lokomotive, liebevoll von Fans restauriert, würdig in einem historischen Rundlokschuppen untergebracht. Ein Stück kanadische Eisenbahngeschichte, dem der Schrottplatz erspart blieb.

Adresse 181 Roundhouse Mews, Vancouver, BC V6Z 2W3, Tel. +1 (604)713-1800, www.roundhouse.ca, info@roundhouse.ca | **Anfahrt** mit dem Auto, gebührenpflichtiges Parken am Pacific Boulevard und in der Davie Street; mit der Fähre bis Yaletown Ferry Dock | **Öffnungszeiten** im Sommer täglich von 10–16 Uhr, im Winter 11–15 Uhr | **Tipp** Etliche Unternehmen schlugen in der Umgebung des Roundhouse Wurzeln, nur einen kurzen Fußweg entfernt stößt man auf den Gray Block (1202 Homer Street, Vancouver, BC V6B 2Y5), eine gut instand gehaltene Lagerhalle von 1912, die einst genutzt wurde, um während der Prohibitionszeit Spirituosen in die USA zu »exportieren«.

25_Der erste Fluevog Store
Plateaus für Fashion-Freaks

Für Fashion-Freaks oder Schuhmodefetischisten ist dies der Laden, in dem die faszinierende Phantasiewelt von Fluevog erstmal Fuß fasste. Aus den bescheidenen Anfängen entwickelte sich eine der erfolgreichsten Schuhmarken Vancouvers. Heute ist John Fluevog einer der gefeiertsten kanadischen Unternehmer, dessen Kreationen seit beinahe 50 Jahren bei Filmstars, Popstars und anderen Künstlern heiß begehrt sind: Madonna, Beyoncé, Lady Gaga, Lady Miss Kier, Alice Cooper und Jack White haben alle Fluevogs getragen. 1970 jedoch waren all dies nur hochfliegende Träume eines glamourösen Jungspunds, der sich mit Peter Fox zusammentat, um »Fox and Fluevog« zu gründen.

Das Viertel war noch nicht generalüberholt, Verne Simpsons Statue von Gassy Jack war noch nicht auf dem alten Maple Tree Square aufgestellt. Der Platz selbst wurde gerade mittels Kopfsteinpflaster auf angemessen retro getrimmt. Aber das Timing stimmte. Von hier aus belieferten die beiden progressiv gesinnte Schuh-Aficionados mit Schuhen, die an die protzigen Designs der Autos der 1950er und 1960er erinnerten, mit denen John aufgewachsen war, sowie von funky mexikanischen Styles der Jahrtausendwende beeinflusst waren, die John entdeckt hatte. Bald konnte eine weitere Filiale in der Granville Street eröffnet werden, und 1980 war John in der Lage, sein eigenes Ding zu machen: John Fluevog Shoes. Der Rest ist Geschichte. Von der Disco-Ära bis zur Grunge-Ära, von Rock bis Pop, auf dem Dancefloor oder im Moshpit, auf der Leinwand und an den Füßen vieler Einheimischer auf den Bürgersteigen von Gastown oder der Granville Street wurden Fuevog-Schuhe führend in der Schuhmode. Und hier hat einst alles begonnen.

Heute beherbergt die Powell Street Nummer 2 »Angel Vancouver«, die erste Desigual-Kleiderboutique der Stadt. Fragen Sie die Inhaberin Jackie Haliburton nach dem Gedicht, das Leonard Cohen an die Außenwand geschrieben haben soll.

Adresse 2 Powell Street, Vancouver, BC V6A 1E7, www.fluevog.com | **Anfahrt** mit dem Auto, gebührenpflichtiges Parken in der Nähe oder bei EasyPark Lot 31 in der Water Street 160 | **Öffnungszeiten** zu jeder Zeit von außen zu besichtigen | **Tipp** Fluevog hat noch immer eine Filiale in Gastown, nur einen Block weiter (65 Water Street, Vancouver, BC V6B 1A4, www.fluevog.com/stores/vancouver-gastown). Dies ist nicht nur ein Einzelhandelsgeschäft, sondern auch ein Designladen. Zudem ist hier das Hauptquartier des Fluevog-Reiches.

26 Das erste kanadische McDonald's-Restaurant
McHistory in Richmond

Ray Kroc, amerikanischer Gründer der Schnellrestaurant-Legende McDonald's, pflegte zu sagen: »Wenn du grün bist, wächst du.« Niemals wieder ist die Burgerkette so rasant gewachsen wie Mitte der 1960er. Damals gab es in den USA über 700 McDonald's-Restaurants. Die Expansion verlief schneller, als man hinschauen konnte. Als ersten Schritt in Richtung einer global dominierenden Fast-Food-Kette beschloss Kroc, das erste gelbe M im Ausland aufzustellen. Er wählte Kanada, genauer die Stadt Richmond in British Columbia. Es handelte sich um einen neuen Vorort Vancouvers, wohin es die Zielgruppe – moderne junge Familien – in Scharen zog. Ein weiterer Grund für die Ansiedlung dort war die Nähe zum Flughafen.

Am 1. Juni 1967 wurde mit der ersten kanadischen Filiale McHistory geschrieben. Damals war die Straße »Number 3 Road« in Richmond, wo die erste kanadische Snackstation noch heute steht, eine dünn besiedelte Durchgangsstraße, in der es ein Simpsons-Sears-Warenhaus und diverse Einzelhändler gab. Eine Tafel am Eingang gedenkt der Eröffnung des Restaurants und der bedeutenden Rolle, die es beim Heranwachsen der Kette zum Weltmarktriesen spielte. Drinnen läuft in Endlosschleife ein Film über die Firmengeschichte. Heute gibt es in Kanada 1.486 McDonald's-Filialen.

Ein Großteil des Erfolgs in Richmond und später des Siegeszugs rund um die Welt verdankt sich dem jugendlichen Enthusiasmus der Angestellten. Im Innern der Filiale in Richmond hängt eine weitere Tafel mit zwölf gerahmten Visitenkarten in chronologischer Reihenfolge. Sie gehören dem Inhaber und Franchisenehmer Joe Guzzo, der 1975 im Alter von 15 Jahren als Bedienung im Team anfing. Jede Karte bezeugt den Ehrgeiz des jungen Mannes, der die Karriereleiter erklomm. Heute gehören ihm zwölf McDonald's-Filialen. Ein ziemlich amerikanischer Traum.

Adresse 7120 Number 3 Road, Richmond, BC V6Y 2C6, Tel. +1 (604)718-1045 | **Anfahrt** mit dem Auto, nächste gebührenpflichtige Parkmöglichkeit bei Impark in der Cook Road 8120 | **Öffnungszeiten** 24 Stunden geöffnet | **Tipp** Direkt um die Ecke befindet sich die Richmond City Hall. Sehenswert ist die über dreieinhalb Meter hohe silberne Metallskulptur eines Fraser-River-Störs unter einem Wasserfall. In Ihrem Fischmäc werden Sie diese geschützte Art nicht finden (6911 Number 3 Road, Richmond, BC V6Y 2C1).

27 _ Die False-Creek-Fähren
Mehr als nur von A nach B

Viele Menschen glauben, eine Fähre zu nehmen sei nun einmal das, was man tun müsse, um über das Wasser von Punkt A nach Punkt B zu gelangen. Mit einer lästigen Pflicht hat die False Creek Ferry jedoch nichts zu tun – man nimmt sie, weil es Spaß macht. Heute sind es über eine Million Menschen jährlich, die sich dieses Vergnügen gönnen.

Hüpfen Sie an Bord eines der 17 Mini-Schlepper, die durch den False Creek pflügen und dabei auf und ab wippen wie Badewannenschiffchen. Sie erwartet eine Aussichtstour durch eines der interessantesten Viertel der Stadt.

Von der Anlegestelle am Maritime Museum (siehe Ort 68) bis zum Village Ferry Dock nahe der Science World, mit sieben Stationen dazwischen, bieten sich Ihnen auf einer Rundreise einige der besten Ausblicke auf malerische Hafenszenen in Kanadas schönster Stadt. Unter drei Brücken fährt man hindurch – Burrard, Granville and Cambie Bridge – und sieht jedes erdenkliche Wasserfahrzeug von Stand-up-Paddle-Boards bis zu Luxusyachten.

Spaßig ging es hier jedoch nicht immer zu. In den 1950ern war diese Gegend das Herz des Industriegebietes mit Sägemühlen, Holzwerken und ein paar vereinzelten kleineren Hafengeschäften. Dieses Kapitel endete 1960, als ein Großbrand die Fabrik von BC Forest Products und viele der Holzwerke – auf einer Fläche von vier Häuserblocks – vollständig zerstörte.

Die Zukunft des Creek sah finster aus. Man überlegte sogar, ihn mit Erde aufzufüllen. Trotz aller Ungewissheit wagte George McInnis den Schritt nach vorn und gründete 1982 das Fährunternehmen False Creek Ferry. Es war praktisch, dass die Expo 86 bevorstand; die Weltausstellung war die Initialzündung für eine Wiederbelebung der Nordseite des Creek. 20 Jahre später verwandelte die Olympiade von 2010 das Industrieviertel im Süden in mehrere hunderttausend Quadratmeter Baufläche für das Athletendorf und gab der Gegend vollständig ihre Vitalität zurück.

Adresse 1804 Boatlift Lane, Vancouver, BC V6H 3Y2, Tel. +1 (604)684-7781, www.granvilleislandferries.bc.ca, info@granvilleislandferries.bc.ca | **Anfahrt** Einsteigen kann man an jedem Ferry Dock, die Website verrät die genauen Anlegestellen. | **Öffnungszeiten** Fahrplan auf der Website | **Tipp** Steigen Sie am Yaletown Ferry Dock aus, und sofort begegnen Sie einer hohen Bronzeskulptur mit Metallplatten, die einen Schatten aus historischen Ereignissen auf den Bürgersteig werfen. Die Platten sind so angebracht, dass der optimale Kontrast und Fokus auf dem Bürgersteig mit dem Monat, Tag und der Uhrzeit übereinstimmen, als das Ereignis stattfand.

28 Die fehlende Tafel
An Vancouvers erster Straßenecke

An einem Wintertag anno 1885 stand Lauchlan Alexander Hamilton an der Ecke der Hastings und der Hamilton Street »in der stillen Einsamkeit des Urwaldes« und rammte einen Holzpfahl in den Boden. Als dies vollbracht war, machte sich der erste Landbeauftragte Vancouvers und Landvermesser der Canadian Pacific Rail daran, das Land zu vermessen und das erste Straßennetz der Stadt zu entwerfen. Nicht nur hatte er sich überlegt, wo die Straßen verlaufen würden, er vergab auch Straßennamen: Im West End benannte er viele Straßen nach britischen Admirälen (Nelson, Denman, Burrard). In Fairview verwendete er Baumbezeichnungen (Alder, Birch, Cedar). Manche Straßen wurden nach Schlachten benannt (Balaclava, Blenheim, Waterloo).

Beinahe 70 Jahre später, am 20. April 1953, wurde Hamilton mit einer Bronzetafel geehrt, entworfen vom englischen Bildhauer Sydney March, eingeweiht vom ersten Stadtarchivar J. S. Matthews. Die Tafel gedachte Hamiltons einmaligen Aktes, der Vancouvers erste Straßenecke auf einer Karte verzeichnete. Feierlich enthüllt wurde sie bei einem Dinner, bei dem jeder anwesend war, der vor der Ankunft des ersten Passagierzuges 1887 (siehe Ort 24) nach Vancouver gezogen war. Die Tafel wurde an der Außenwand der imposanten Canadian Imperial Bank of Commerce befestigt, die an dieser Stelle nahe dem Victory Square stand. Generationen von Einheimischen gewöhnten sich daran, auf dem Weg zur Arbeit an dem unscheinbaren Schild vorbeizukommen, bis wiederum 70 Jahre später das Gebäude abgerissen wurde.

Heute steht hier das blitzblanke Charles Chang Innovation Centre, ein Wohnkomplex für Graduiertenstudenten. Es gab Gerüchte, wonach die Hamilton-Tafel im neuen Foyer wieder prunken sollte. Sie hat sich dort allerdings noch nicht blicken lassen.

Eines Tages wird sie vielleicht wieder zu sehen sein. Sollte man bis dahin nicht eine Tafel anbringen mit dem Hinweis, dass hier einmal eine Tafel hing?

Adresse Ecke Hastings Street/Hamilton Street, Vancouver, BC V6B 2N4 | **Anfahrt** mit dem Auto, gebührenpflichtiges Parken in der Nähe | **Öffnungszeiten** immer | **Tipp** Genießen Sie beste libanesische Küche im nahe gelegenen Restaurant Nuba in Gastown, das unterhalb des Straßenniveaus im historischen Dominion Building zu finden ist, einst eines der höchsten Geschäftshäuser des British Empire (207 West Hastings Street, Vancouver, BC V6B 1K6, www.nuba.ca).

29 — Der Flying Angel Club
Matrosen-Trost

Ganz versteckt, nördlich der Eisenbahnschienen, die Railtown vom Ufer trennen, am ehemaligen Nordende der Dunlevy Avenue, liegt eine von Vancouvers ältesten und meistübersehenen historischen Stätten.

Heute ist hier der Flying Angel Club ansässig, früher war dies das Bürogebäude der 1865 gegründeten Holzfirma Hastings Mill. Die Büros wurden 1906 gebaut, sind jedoch auf geradezu wundersame Weise den üblichen Zerstörungsgewalten wie Feuer, Vernachlässigung oder Kommerzialisierung entgangen.

Einige Veränderungen hat es über die Jahre gegeben – das Original-Kellergewölbe wurde während des Kalten Kriegs in einen Atombunker umgewandelt –, doch vieles blieb unverändert. Die 14 Meter langen Unterstützungsbalken im Keller sind noch heute so stark wie an jenem Tag, an dem sie verbaut wurden. Noch immer ziert das Original-Messingzubehör des Kamins die Lounge, die einmal als Büro des Hafen-Managers gedient hat.

Draußen gedenken Buchstabenfolgen der vier ehemaligen Eigentümer des Gebäudes: BCMTT (BC Mills Timber & Trading), HSM (Hastings Saw Mill), VHC (Vancouver Harbour Commissioners) und NHB (National Harbours Board). Ein Neonschild weist den Flying Angel Seamen's Club aus. Einen Meter weiter steht ein Granitdenkmal von Gerhard Class. Die Skulptur von 1966 zeigt drei abstrakte Baumstammformen, kombiniert mit Reliefschnitzereien, die sich auf die Holzverarbeitungstradition des Ortes beziehen.

Die Geschichte des Seamen's Club reicht bis in die Zeit der Großsegler zurück, der Club bildet das BC-Hauptquartier einer weltweiten Gesellschaft, die sich der spirituellen, körperlichen und emotionalen Belange der Seefahrer und deren Familien annimmt. Da der Hafen von Vancouver jährlich rund 2.400 Schiffe abfertigt, haben die Clubmitglieder gut zu tun. Ihre Mission kümmert sich jedes Jahr um 14.000 Seeleute aus 80 Ländern rund um den Globus.

Adresse 401 East Waterfront Road, Vancouver, BC V6A 4G9, Tel. +1 (604)253-4421, www.flyingangel.ca, m2svancouver@gmail.com | **Anfahrt** mit dem Auto entlang der East Waterfront Road bis Nummer 401; die nächste gebührenpflichtige Parkgelegenheit bietet die Imperial Parking Location Nummer 1216 in der Main Street und der East Waterfront Road | **Öffnungszeiten** Informationen auf der Website | **Tipp** Im Railtown Cafe südlich der Schienen gibt es eine großartige Tasse Kaffee und gesunde Hausmannskost (397 Railway Street, Vancouver, BC V6A 1A4, www.railtowncafe.ca).

30 Folkart Interiors
Mounties als Holzkameraden

Was nur verleiht den Uniformen der kanadischen berittenen Polizei, der Royal Canadian Mounted Police (RCMP), rund um den Globus ihren sofortigen Wiedererkennungswert?

Liegt es am charakteristischen braunen Hut, der berühmten roten Serge oder dem dünnen gelben Streifen an der Hosennaht?

Dave Johnson, der Inhaber von Folkart Interiors, hatte viel Zeit, darüber nachzudenken. Über 30 Jahre lang verkaufte er Hunderte von lebensgroßen Mountie-Statuetten. Überall stehen sie Wache, vor trendigen Apartments in Whistler genauso wie vor Geschäften in Gastown. Sogar nach Übersee, an so entfernte Orte wie Dubai oder Australien, hat er sie verschifft – zu Expats mit Sehnsucht nach ein bisschen Heimat. Einst wurde Johnson gar beauftragt, eine über sieben Meter hohe Mountie-Figur für den Eingang des Coast High Country Inn in Yukon zu kreieren, ein Territorium, in dem sich die Polizei hoch zu Ross gewiss wie zu Hause fühlt. Der Gigant in Whitehorse ist zur Touristenattraktion geworden.

Auch praktischere Zierformate von 15 Zentimetern sind zu haben, aber es sind die mannshohen Modelle, die Johnson so bekannt machten. Sie alle werden von lokalen Künstlern handgeschnitzt. Aber keine Sorge: Für diese Holztruppe wird kein einziger Baum gefällt; alle Holzarbeiten hier sind aus Bäumen British Columbias gefertigt, die Stürme umgepustet haben. Was nicht heißen soll, die Kameraden seien schwächliche Umfaller; das fast drei Meter hohe Exemplar vor dem Laden hält zuverlässig Wache. Hat man den Mountie passiert, begegnet man einer phantastischen Auswahl kanadischer Sammlerstücke und handgefertigter Möbel. Man lasse sich Zeit, um durch antike Vogelkäfige, Glücksspielautomaten, Decken, Kisten und Hunderte weiterer Kuriositäten zu stöbern, darunter auch Mountie-Gemälde. Ist eine hölzerne Version von Dudley Do-Right von der kanadischen Polizei nicht so ganz Ihr Ding, schnitzt Folkart auch gern nach einem Foto eine Figur von Ihrem Haustier.

Adresse 3720 West 10th Avenue, Vancouver, BC V6R 2G4, Tel. +1 (604)731-7576, www.folkartinteriors.com | **Anfahrt** mit dem Auto, gebührenpflichtiges Parken in der West 10th Avenue | **Öffnungszeiten** Mo–Sa 10–18 Uhr, So 12–17 Uhr | **Tipp** RCMP Officer sorgen für den internen kanadischen Frieden. Wer sehen möchte, wie eine typische lokale RCMP-Station aussieht: Nicht weit von Folkart Interiors entfernt auf dem UBC Campus finden Sie eine (2290 Westbrook Mall, Vancouver, BC V6T 2B7).

31 Der Fortes-Brunnen
Quell der Dankbarkeit

Als er vor fast 100 Jahren im Alexandra Park aufgestellt wurde, sah man in diesem Trinkwasserbrunnen – wie in Joe Fortes selbst – eine schmucke und praktische Ergänzung der lokalen Szenerie. Heute ist der Park nur noch ein Schatten seiner selbst. Auch der Brunnen, obwohl noch immer hübsch anzusehen, liegt buchstäblich im Halbdunkel. Dennoch lohnt es, sich dieses oft übersehene Denkmal für einen der ältesten und beliebtesten Bürger Vancouvers näher anzuschauen.

Die Einheimischen kennen die Geschichte des ersten offiziellen Rettungsschwimmers und Schwimmlehrers sehr gut. Er rettete viele Dutzend Badende vor dem Ertrinken und war lange Zeit omnipräsent an der English Bay, wo er in den Sommermonaten campte.

Weniger Menschen wissen, dass dieser Brunnen, der nur einen Steinwurf von Joes ehemaligem Häuschen in der Bidwell Street entfernt steht, vom österreichischen Immigranten Charles Marega (1871–1939) geschaffen wurde. Von ihm stammen die Kult-Löwen, die die Lions Gate Bridge bewachen, die Statue George Vancouvers vor der City Hall, darüber hinaus die 14 Skulpturen um die Legislative Library of British Columbia in Victoria sowie eine Büste Mussolinis, die nach dem Zweiten Weltkrieg aus dem Keller des ehemaligen italienischen Konsulats gerettet und anonym dem Stadtarchiv Vancouver gestiftet wurde. Marega schuf auch die neun nackten Musen, die das Fries des Sun Tower in der West Pender Street Nummer 128 stützen.

Der Gedenkbrunnen wurde 1927 errichtet, fünf Jahre nachdem nahezu jedermann dem offiziellen Stadtbegräbnis von Fortes beigewohnt hatte. Die Bevölkerung hatte für den Brunnen gesammelt. 2013 wurde er noch einmal geehrt, als die kanadische Post sein Konterfei auf zwei Millionen Briefmarken druckte.

»Kinder liebten ihn«, lautet die Inschrift des Brunnens. Man denke an eine Zeit zurück, in der die Stadt noch in ihren Kinderschuhen steckte und Nachbarn Helden waren.

Adresse Alexandra Park, 1755 Beach Avenue, Vancouver, BC V6E 1V3, Tel. +1 (604)873-7000 | **Anfahrt** mit dem Auto, in der Nähe gibt es Straßenparkplätze | **Öffnungszeiten** immer zugänglich | **Tipp** Vancouvers majestätischer Inukshuk an der English Bay, Inspiration für das Olympia-Logo von 2010, steht auf der anderen Straßenseite. Der Inukshuk wurde von Alvin Kanak geschaffen, von der Regierung der Northwest Territories für den Ausstellungspavillon der Expo 86 gesponsert und schließlich der Stadt Vancouver gestiftet (1700 Beach Avenue, Vancouver, BC V6E 1V3, www.stanleyparkvan.com/stanley-park-van-monument-inukshuk.html).

32__Gaoler's Mews
Ein Ort zum Abhängen

Vor dem Großen Brand 1886 stand hier ein Gefängnis samt zugehörigem Galgen, an dem der Henker seine Arbeit verrichtete – definitiv kein Ort zum Abhängen. Heute hingegen findet man an dieser Location »No. 1 Gaoler's Mews«, wo Feinschmeckerzungen ungeduldig auf ein exklusives Zehn-Gänge-Menü warten, das einmal im Monat von einigen Top-Küchenchefs Vancouvers zubereitet wird.

Der Name des Ortes verrät zugleich seine Ursprünge: Mitte des 19. Jahrhunderts wurden hier *mews*, also Stallungen errichtet für die Pferde der Kutschfirma, die auf der Route zwischen Burrard Inlet und New Westminster operierte. Als die Haftanstalt (»gaol« = »jail«) gebaut wurde, wurde daraus »Gaoler's Mews«. The Mews ist heute ein Hof, den die Water Street auf der Nordseite, die Carrall Street im Osten und die Trounce Alley im Süden umgeben.

Viele bezeichnen die Gasse als »Blood Alley«, um die Gegend gruseliger erscheinen zu lassen. Doch ist die Blood Alley nichts weiter als ein kopfsteingepflasterter Hof – Blood Alley Square – zwischen den ehemaligen Stallungen und der Cordova Street. Die Verwirrung um Namen und Geschichte des Ortes geht großteils auf gerissene Marketing-Strategen aus den 1970ern zurück, die das heruntergekommene, von Hippies belagerte Viertel Gastown in einen Magneten für Touristen und Abenteurer verwandeln wollten. Den Abriss der historischen Gebäude zugunsten eines nagelneuen Freeways wollten sie unbedingt verhindern. Geschichten über Hinrichtungen am Galgen, Massenexekutionen und blutige Gassen waren Teil des Plans, um die Wirtschaft anzulocken. Auch die »Steam Clock« (eine Dampfuhr) in Gastown hatte ihren Erstauftritt in den 1970ern.

Trotz der makabren PR-Bemühungen ist Gaoler's Mews eine interessante historische Stätte. Wer von Gastown nur die Hauptstraßen kennt, schuldet es sich selbst, sich herzuwagen und hier ein bisschen abzuhängen. Aber bringen Sie Begleitung mit; man weiß am Ende nie, wer oder was hier umgeht.

Adresse 12 Water Street, Vancouver, BC V6B 1A5 | **Anfahrt** mit dem Auto, Parken in den Straßen schlecht möglich; nächste Parkplätze in der Water Street 160 oder Abbott Street 312 | **Öffnungszeiten** immer zugänglich | **Tipp** Die viel fotografierte Statue des Gassy Jack (John Deighton) wurde ebenfalls in den 1970ern hier aufgestellt; sie steht direkt um die Ecke (1 Water Street, Vancouver, BC V6B 2H9).

33 Der geheime Kletterbaum
Wolkenkratzer der Wildnis

Wer kennt die Ursprünge des legendären »secret climbing tree« in der Cambie Street? Waren es einst die Kinder aus der Nachbarschaft, die ihn zuerst erklommen und dies ihren Freunden weitertuschelten? Oder ging das erst in jüngerer Vergangenheit los? Welcher Baum ist es überhaupt? Ist er real oder nur eine urbane Legende? Antwort: hingehen und selbst herausfinden.

Teil des Reizes, der von diesem Baum ausgeht, ist sein halb geheimer Standort. Fakt ist jedoch, dass Menschen gute Kletterbäume einfach lieben und sich die Kunde ausbreitet, sobald einer gefunden ist. Früher mag der Baum zu beliebt geworden sein. Diverse Gegenstände wurden am Stamm hochgehievt, um den Aufenthalt bequemer oder spaßiger zu gestalten – etwa ein Schwingseil oder eine Hängematte. Andere Baumfreunde stemmten sich entschieden dagegen, um ihn *au naturel* zu bewahren, und Requisiten vom Typ Baumhaus wurden wieder entfernt.

Bei dem unmarkierten Baum handelt es sich wahrscheinlich um einen Mammutbaum *(Sequoiadendron giganteum)*. Sequoien sind für ihren Umfang und ihre gigantische Höhe bekannt; zuweilen bezeichnet man sie als »Wolkenkratzer der Wildnis«. Das höchste Exemplar Nordamerikas steht in Kalifornien und ragt 95 Meter hoch in den Himmel. Der höchste im nahe gelegenen Queen Elizabeth Park kommt auf 42 Meter Höhe.

Der geheime Kletterbaum nun steht auf einer begrünten Insel zwischen den zwei Fahrspuren der Cambie Street von der King Edward Street bis hinunter zum Southwest Marine Drive. Die üppige Stadtoase namens Cambie Heritage Boulevard wurde in den 1930ern als Teil eines Masterplans für Vancouver angelegt; auf ihr wachsen 450 Bäume. Dieses frühe Beispiel städtischer Begrünung wurde von der English-Garden-City- und der US-City Beautiful-Bewegung beeinflusst.

Viel Glück damit, den geheimen Kletterbaum zu finden. Sobald er ausgemacht ist, bitte freundlich behandeln.

Adresse West King Edward Avenue und Cambie Street, Vancouver, BC V5Z 2X8 | **Anfahrt** SkyTrain bis King Edward (Canada Line); mit dem Auto, Parken entlang der Cambie Street | **Öffnungszeiten** immer | **Tipp** Es lohnt auch ein Baum der etwas anderen Art: Douglas Couplands lebensgroße goldene Reproduktion des 800-jährigen »Hollow Tree« aus dem Stanley Park (400 South West Marine Drive, Vancouver, BC V6P 6N6, http://coupland.com/public-arts/golden-tree).

34 Die Geisterschienen
Clickity-clack, will they ever come back?

Nein, wahrscheinlich kommen sie nicht zurück. Vorläufig sind jedoch noch einige Überbleibsel jener Schienen auszumachen, die vor über 100 Jahren Vancouver mit Steveston verbanden. Mit den besten Blick auf sie hat man von der idyllisch-ländlichen Kreuzung der First Street mit der Fir Street aus. Teils von Laub verdeckt und wie verloren im Niemandsland zwischen Parkplätzen und Wohnblocks erstrecken sich die Gleise. Man steht vor den Resten der einstigen Lulu Line. Ursprünglich war diese anno 1901 von der Vancouver and Lulu Island Railway gebaut worden, 1902 dann von der Canadian Pacific Railway (CPR) erworben und 1905 von der BC Electric Railway Company (BCER) 1905 gepachtet worden, bis sie in den 1950ern durch Gummi, sprich Busse ersetzt wurde. Von dieser Kreuzung aus kann man etwa einen Block an den Schienen entlanggehen, bevor die Gleise nahezu buchstäblich im Sande verlaufen: Sie enden in einem Kiesbett, das zwei Parkplätze in der Fir Street und der Second Avenue trennt.

Schaut man nach Süden, erspäht man eine ungewöhnlich breite Gasse zwischen zwei Häusern. Hier liefen die Schienen auf die Fir Street und die Fifth Street zu, genau dorthin, wo heute der Rad- und Laufweg Arbutus Greenway die Strecke übernimmt. Es lohnt sich, die Gegend auf Google Maps anschauen: Der östliche Abschnitt der Gleise lässt sich leicht durch das Gebüsch bis zur Burrard Street verfolgen, wo sie sich damals mit den Linien der Stadt- und der Vorortbahn verbanden, die über die alte hölzerne Granville-Bockbrücke, die sich früher hier befand, von Kitsilano nach Downtown fuhren.

Wir stellen uns gern vor, früher sei alles langsam und mühselig gewesen. Diese Schienen jedoch vermochten Menschen in etwa der gleichen Zeit von Vancouver nach Steveston zu befördern, die eine heutige Straßenbahn benötigen würde. Angesichts der Kritik an fossilen Brennstoffen fragt man sich, ob man die Lulu Line nicht weiterhin hätte betreiben sollen.

Adresse Kreuzung der First Street und der Fir Street, Vancouver, BC V6J 1G1 | **Anfahrt** mit dem Auto, nächste gebührenpflichtige Parkgelegenheit: Impark in der West 2nd Avenue 1585; mit der Fähre, nächste Anlegestelle: Granville Island Dock | **Öffnungszeiten** immer zugänglich | **Tipp** Nur sieben Original-Waggons von BC Electric Railway haben überdauert; ein wunderschön restauriertes Exemplar ist im Steveston Interurban Tram Building zu bewundern (4011 Moncton Street, Richmond, BC V7E 3A8, www.richmond.ca/culture/sites/tram/abouttram.htm).

35 Der gelbe Hügel
Was zum Teufel ist das?

»Was zum Teufel ist *das*? Was macht dieser riesige gelbe Haufen hier?«, fragt man sich unwillkürlich.

Wenn man in 9.000 Meter Höhe über den Vancouver International Airport (YVR) fliegt, ist er gut auszumachen; den besten Blick hat man vom Südufer des Fjords Burrard Inlet oder von Downtown Vancouver aus. Die gelbe Anhäufung ist übrigens knapp 25 Meter hoch und wiegt 160.000 Tonnen: Es handelt sich natürlich um Schwefel.

Schwefel ist ein Nebenprodukt, das beim Abbau von Ölsand entsteht, und in Alberta gibt es große Vorkommen. Er wird mit dem Güterzug nach British Columbia gebracht und auf diesem Hügel unter freiem Himmel abgeladen und gelagert. Schwefel braucht man weltweit, um Hunderte von Produkten herzustellen, darunter Batterien, Wein, Shampoo, Pestizide und Mittel gegen Hautkrankheiten. Das gelbe Element mag unschön fürs Auge sein, wertlos ist es nicht. Aktuell ist eine Tonne Schwefel etwa 125 Dollar wert, vor 15 Jahren waren es nur 20 Dollar, bis die Nachfrage 2009 schlagartig stieg.

Viel vom Schwefel des North Shore geht nach Asien – China allein verbraucht jährlich ein Viertel des Weltangebots. Der Hafen von Vancouver liegt ideal, um das Reich der Mitte zu beliefern. Irgendwo wird der Stoff immer gebraucht. Das grellgelbe Mineral braucht nur darauf zu warten, dass gigantische Frachter es nach Übersee verschiffen, woraufhin eine endlose Folge von Zügen aus den Prärien wieder neue Fracht ablädt.

Mit einer Zigarette sollte man sich dem Hügel jedoch nicht nähern: Schwefel ist entzündlich und wurde einst genutzt, um Streichhölzer, Schwarzpulver und Feuerwerkskörper herzustellen. Zu nah will man hier ohnehin nicht herankommen, es riecht nach faulen Eiern. Entgegen dem verbreiteten Glauben wird dieser Schwefel nicht genutzt, um Farbe für Crayola-Wachsmalstifte herzustellen. Vancouver ist keine der zwölf Städte, die Crayola mit einer bestimmten Farbe beliefern. Und im Hafen von San Francisco gibt es keinen riesigen blauen Berg.

Adresse 1995 West 1st Street, North Vancouver, BC V79 1A8, www.portvancouver.com |
Anfahrt Den besten Blick hat man von der Nordseite des Stanley Park Seawall aus. |
Öffnungszeiten immer | **Tipp** Einen anderen tollen und interessanteren Blick als vom Land hat man von einem SeaBus, einer Fähre, aus. Von der Waterfront Station in Vancouver nimmt man den SeaBus über den Burrard Inlet zum Lonsdale Quay am North Shore (123 Carrie Cates Court, North Vancouver, BC V7M 3K7, www.translink.ca).

36 Das Grab von Raymond Burr

Hier ruht Perry Mason

Berühmt geworden ist er wohl durch seine 1950er-Fernsehrolle als Strafverteidiger Perry Mason. Zweifellos zählt er zu den größten TV-Stars aller Zeiten: Raymond Burr war der erste große Filmstar British Columbias, auf der Leinwand ebenso wie auf der Mattscheibe. Für ehrgeizige Schauspieler, die es in Hollywood und New York schaffen wollten, war er ein bahnbrechender Inspirator und Botschafter. Alle bekannten Entertainer aus British Columbia – Seth Rogen, Ryan Reynolds, Jason Priestley, James Doohan, Michael J. Fox, Dorothy Stratten, Bryan Adams, Sarah McLaughlin, Pamela Anderson und viele weitere – verdanken Burr eine Menge.

In den 1940ern gab er im Radio den Ton an, indem er seine markante dunkle Stimme Hörspielen wie »Dragnet« lieh, zwischen 1946 und 1957 erschien er in über 50 Kinofilmen, darunter der Kultklassiker »Godzilla: King of the Monsters« und viele Noir-Klassiker der Ära. Seine Rolle als gruseliger Killer Lars Thorwald in Alfred Hitchcocks »Das Fenster zum Hof« mit James Stewart und Grace Kelly zählte zu seinen besten Schurken-Darstellungen. Es waren jedoch seine TV-Rollen als Verteidiger Perry Mason und Detective Robert T. Ironside, die ihn vom populären Hollywoodschauspieler zu einer zeitlosen Fernsehikone machten.

Die erste »Perry Mason«-Folge wurde 1957 ausgestrahlt, und die Serie lief bis 1966, rasch folgte »Der Chef« von 1967 bis 1975. In diesen beiden Jahrzehnten vor frei verfügbarem Entertainment und einer TV-dominierten Popkultur beherrschte Burr das Fernsehen. Seine Rollen brachten ihm viel Lob ein, darunter einen Stern auf dem Hollywood Boulevard. Während der Messingstern seine Karriere würdigt, gedenkt die bescheidene Grabplatte aus rotem Marmor in New Westminster seines Lebens auf unserem Planeten. Burrs Ruhestätte befindet sich im »Oddfellows«-Abschnitt des Friedhofs.

Adresse 100 Richmond Street, New Westminster, BC V3L 4B3, Tel. +1 (604)522-1323, www.newwestcity.ca/frasercemetery | **Anfahrt** mit dem Auto, Parkgelegenheiten in der Richmond Street | **Öffnungszeiten** Mo–Fr 7.30–16 Uhr | **Tipp** Jeder kennt die Jack-Deighton-Statue (»Gassy Jack«) in Vancouvers Bezirk Gastown. Wenn man schon mal auf dem Fraser Cemetery ist, kann man, zusammen mit nur wenigen anderen, sein Grab besuchen. 1875, lang bevor sich eine Legende um ihn bildete, wurde Deighton hier in einem anonymen und beinahe vergessenen Grab beigesetzt. Lokale Bewunderer schufen 1972 Abhilfe (www.gassyjack.com/links.html).

37 Die Greenpeace-Gedenktafel
Mach keine Welle

Heute ist Greenpeace eine üppig finanzierte, regierungsunabhängige Organisation, die in Vancouver und rund um den Globus für ihre Umweltinitiativen bekannt ist. 1971 jedoch handelte es sich noch um einen chaotischen Haufen, der sich dem Ziel verschrieben hatte, das US-Militär von Atombombentests in der Beringsee abzuhalten. Selbst den Namen »Greenpeace« trugen sie noch nicht, sondern nannten sich »Don't Make a Wave Committee« (Mach-keine-Welle-Komitee), weil sie dachten, die Detonation einer Nuklearwaffe nahe der Insel Amchitka in Alaska würde einen katastrophalen Tsunami und Erdbeben auslösen. Der Ethik des gewaltlosen Widerstands folgend bestand ihre Anti-Atom-Strategie darin, bei den Nukleartests »Zeugen« zu sein. Ihr Ziel war es, in der Testzone aufzutauchen. Von Vancouver aus die 4.000 Kilometer bis zum Westende der Aleuten-Inseln zurückzulegen war jedoch leichter gesagt als getan. Die leidenschaftlich Friedensbewegten entschieden, der beste Weg, Zeugnis abzulegen, bestünde darin, ein Boot zu mieten und hinzuschippern. Also organisierten sie im Pacific Coliseum ein Konzert mit Joni Mitchell, James Taylor, Phil Ochs und der neu formierten kanadischen Band Chilliwack. Von den 18.000 Dollar Einnahmen charterten sie das Seinerboot »Phyllis Cormack« und tauften es in »Greenpeace« um. Mit einer Crew von zwölf Leuten setzte es am 15. September 1971 nicht weit von hier auf dem Meeresarm False Creek die Segel.

Bevor sich die Mannschaft in Gefahr bringen konnte, wurde der Atomtest allerdings verschoben. Insofern scheiterte die Mission. Das Presseecho fiel jedoch enorm aus, der Name des Schiffes war schnell in aller Munde. Die Kunde von der Mission verbreitete sich, ebenso das Interesse am Mach-keine-Welle-Komitee, das seinen Namen in »Greenpeace« umänderte. Der Rest ist Geschichte. Die »Phyllis Cormack« sank im tiefen Gewässer bei Klemtu im Jahr 1998.

Adresse 1500 Island Park Walk, Vancouver, BC V6J 5B3, www.greenpeace.org/canada/en | Anfahrt mit dem Auto, nächste gebührenpflichtige Parkgelegenheit: Impark in der West 2nd Avenue 1585; mit der Fähre, die nächste Anlegestelle ist Granville Island | Öffnungszeiten immer | Tipp Wenn das Wetter gut ist, ergattern Sie einen Platz beim nahe gelegenen Fischimbiss Go Fish (1501 West 1st Avenue, Vancouver, BC V6J 1E8) und genießen Sie Fish and Chips!

38 Die Gulf of Georgia Cannery
Lässt einen nicht vom Haken

Wer die Fischergemeinde Steveston in Richmond besucht, entfernt sich nie weit vom leckeren Duft nach frisch zubereiteten Fish and Chips aus einer der Friteusen der vielen Fischrestaurants. Vor 100 Jahren hingegen zog durch dieselben Straßen der furchtbare Gestank einer Fischkonservenfabrik.

Heute steht das große alte rot-weiße Holzgebäude der Fabrik auf kräftigen, mit Seepocken übersäten Pfählen an exakt derselben Stelle, an der es 1894 gebaut wurde. Steht man auf dem Dock mit Blick über den Fraser River, ist es nicht schwer, sich die Berge von Fisch vorzustellen, die eine endlose Flottille von Booten hier ablud. Man braucht sich jedoch nicht auszumalen, wie der Fang verarbeitet und eingedost wurde, denn das kann man drinnen bestaunen; das schwere Industriegerät, das diesen Job erledigte, ist vollständig erhalten. Die Arbeit war hart, nass, gammelig und gefährlich für die chinesischen, japanischen, indianischen und europäischen Arbeiter, die ohne Unterlass malochten, um bis zu 2,5 Millionen Lachskonserven pro Jahr zu produzieren. Eine der Maschinen verfügte über ein Fließband mit einer riesigen rotierenden Klinge, die jedem Fisch den Kopf abschnitt. Dann wurden sie weiterbefördert und unter einem Rad Flossen und Schwanz abgetrennt. Ihre Bäuche wurden mit einer Säge aufgeschlitzt und dann … na ja, das muss man eben selbst gesehen haben an dieser historischen Stätte, um es komplett zu verstehen.

Deutlich weniger unappetitlich: Die Konservenfabrik verfügt auch über ein großes Wandbild, auf dem die verschiedenen Fischarten zu sehen sind, die an der kanadischen Westküste vorkommen.

Engagierte Museumsmitarbeiter in traditioneller Arbeiterkleidung bieten Führungen an. Und keine Sorge: Alle Maschinen wurden sorgfältig gereinigt und sind frei vom einstigen Fischgestank.

Adresse 12138 4th Avenue, Richmond, BC V7E 3J1, Tel. +1 (604)664-9009, www.gulfofgeorgiacannery.org, info@gogcannery.org | **Anfahrt** mit dem Auto, gebührenpflichtiges Parken vor Ort in der Chatham Street und der 4th Avenue | **Öffnungszeiten** täglich 10 – 17 Uhr | **Tipp** Steveston ist berühmt für seine Fish and Chips. Man findet hier ein halbes Dutzend Restaurants, die das Grundnahrungsmittel der West Coast servieren. Das beste ist Dave's Fish and Chips, das es seit 1978 gibt. Es liegt nicht weit von der Fabrik entfernt (3460 Moncton Street, BC V7E 3A2, www.davesfishandchips.com).

39 __ Die H Tasting Lounge
Howard Hughes war hier

Stellen Sie sich vor, Sie sind im Jahr 1972 Hotelmanager am Empfang des Bayshore Inn. Plötzlich klingelt das Telefon. Dran ist Milliardär und Hollywoodproduzent Howard Hughes. Zu dieser Zeit befand er sich wegen Steuerhinterziehung auf der Flucht und brauchte nach einer Irrfahrt über London, die Bahamas und Panama dringend ein neues Versteck. So buchte er im Bayshore Inn, wie es damals noch hieß, für ein halbes Jahr ein Zimmer. An diesem Punkt wird es – wie Howard Hughes selbst – äußerst schräg. Er bat darum, die gesamten oberen Etagen des Hotels zu mieten. Höflich erklärte der Hotelmanager ihm: »Bedaure, wir sind ausgebucht.« Hughes aber erwiderte: »Wenn ich die Zimmer nicht bekomme, kaufe ich das Hotel.« Bei jedem anderen hätte man dies als leere Drohung abgetan, hier gab es jedoch einen Präzedenzfall. Jahre zuvor, als Hughes gebeten worden war, aus dem Desert Inn auszuchecken, hatte er das Wahrzeichen von Las Vegas käuflich erworben, statt sich zu verziehen.

So begann eines der bizarrsten Kapitel in der Hotelgeschichte Vancouvers. Hughes war damals 66 Jahre alt und eine lebende Legende. Jedes Mal, wenn der notorisch Weltabgeschiedene reiste, bedeutete das internationale Schlagzeilen. Die Paparazzi kampierten die gesamten sechs Monate lang vor dem Bayshore Inn. Aus Sicherheitsgründen wurde der Aufzug zu den obersten Stockwerken blockiert, der Kauz im Bademantel benutzte den Frachtaufzug, um sich in seinem Reich zu bewegen.

Hughes ist Geschichte, in einer neuen Bar dieses Hotels, der H Tasting Lounge, wird jedoch seines Aufenthaltes gedacht. Wie zu erwarten kreist dort alles um die Luftfahrt. Der gewaltige Kronleuchter ist aus kleinen Kristall-Propellern zusammengesetzt. Das Dekor wurde im Art-déco-Stil gestaltet, es dominieren blaue und pinke Pastelltöne, die während Hughes' Aufenthalt modern waren.

Wer an der Bar einem schmuddeligen Senior begegnet: Bitte eskortieren Sie ihn zurück zum Frachtaufzug.

Adresse 1601 Bayshore Drive, Vancouver, BC V6G 2V4, Tel. +1 (604)682-3377, www.htastinglounge.com, info@htastinglounge.com | **Anfahrt** mit dem Auto, gebührenpflichtiges Parken in der Cardero Street und im Hotel | **Öffnungszeiten** Mo–Fr 17–1 Uhr, Sa, So 12–1 Uhr | **Tipp** Nahe dem Westin Bayshore, wie das Hotel heute heißt, kann man wunderbar ein Fahrrad mieten und sich zu einer Tour entlang dem Stanley Park Seawall aufmachen: Spokes Bicycle Rentals versorgt Einheimische und Touristen seit 1938 mit Drahteseln (1798 West Georgia Street, Vancouver, BC V6G 2V7, www.spokesbicyclerentals.com).

40 Das Haida-Kanu
Wellenfresser aus Zedernholz

Gäbe es eine Top-Ten-Liste kultiger Wasserfahrzeuge aus Kanada – das Haida-Kanu stünde drauf. Die meisten Kanadier kennen es von der alten 20-Dollar-Note, auf der Bill Reids berühmte Skulptur »Spirit of Haida Gwaii« abgebildet war. Die Originalskulptur steht majestätisch in der kanadischen Botschaft in Washington, D.C., während ihre Zwillingsversion »The Jade Canoe« internationale Besucher am Flughafen von Vancouver verblüfft. Heute ist das Haida-Kanu eines der bekanntesten und beliebtesten kanadischen Symbole, aber das war nicht immer so.

Als Entdeckungsreisende die Gewässer Vancouvers erforschten, stießen sie auf Tausende dieser Boote – rund 600 davon umkreisten anno 1791 das Handelsschiff von Captain Thomas Barnett. 100 Jahre später waren nur noch wenige in Gebrauch. Im frühen 20. Jahrhundert fand man kaum noch jemanden, der wusste, wie man sie herstellt. Das doch noch erfolgte Revival geht auf Bill Reid zurück, der gemeinsam mit anderen Haida-Künstlern für die Expo 1986 ein solches Kanu aus einer einzigen Rotzeder schnitzte. Dieses nordländische Kanu wurde von den Haida, Tsimshian und Tlingit zwischen Northern Vancouver Island und dem südlichen Alaska genutzt und diente längeren Fahrten auf dem Ozean. Die Boote konnten klein genug für eine Person oder groß genug sein, um fünf Tonnen Fracht zu befördern.

Reids Modell von 1986 nennt sich »Loo Taas« (»Wellenfresser«), dieses Modell an der UBC trägt den Titel »The Looplex X« und hängt in zwölf Meter Höhe im Foyer des Forstgebäudes der Uni. Von seiner Schönheit und kulturellen Symbolkraft abgesehen, inspiriert das Kanu Studenten auch, darüber nachzudenken, wie viele Dinge sich aus einem einzigen Baum herstellen lassen. Die äußere und innere Rinde und die Wurzeln dieses leichten sowie harten Holzes mit gerader Maserung und wenigen Astlöchern wurden von den indigenen Völker effizient genutzt. Eine Geschichte, die jeden bewegt, der aus der Vergangenheit lernen möchte.

Adresse 2424 Main Mall, Vancouver, BC V6T 1Z4, Tel. +1 (604)822-2727, www.forestry.ubc.ca/2018/12/haida-looplex-x-canoe | **Anfahrt** mit dem Auto, nächster Parkplatz: UBC Thunderbird Parkade am Thunderbird Boulevard 6085 | **Öffnungszeiten** siehe Website | **Tipp** Der »Reconciliation Totem Pole«, ebenso aus einer einzigen Rotzeder geschnitzt, steht außerhalb des Forstwirtschaftsgebäudes und erzählt die Geschichte der indigenen Völker Kanadas vor, während und nach der Epoche der »Indian residential schools«, der Internate für Kinder der kanadischen First Nations, die ihren Eltern entzogen wurden.

41 Harbour Air
Bauchlandung der anderen Art

Wasserflugzeuge mit romantischen Namen wie »Flying Beaver« (»Fliegender Biber«) erschlossen und öffneten ganz buchstäblich während der 1940er und der 1950er den kanadischen Norden. Abenteuergeschichten von Entdeckern, Bergleuten, Missionaren und Pelztierjägern, die sich mit Hilfe von Wasserflugzeugen erste Wege durch Kanadas raue Wildnis bahnten, sind Legende.

Obwohl die draufgängerischen Piloten von einst beinahe ausgestorben sind, gibt es Maschinen ihres Stils noch heute, und nirgendwo auf der Welt lassen sie sich besser besichtigen als in Coal Harbour in Downtown Vancouver. Dort trifft man auch auf Harbour Air. Das Unternehmen betreibt die größte reine Wasser-Airline der Welt.

An seinem Dock sind viele Wasserflugzeuge vertäut. Obwohl es hier keine traditionelle Landebahn aus Asphalt gibt, starten und landen jeden Tag Dutzende Passagierflüge. Es ist aufregend, an diesem verkehrsreichen Meeresknotenpunkt den kleinen Wasserfliegern zuzusehen, die statt einem Fahrwerk über Schwimmer verfügen, wie sie unter viel Geplatsche landen. Die aquatischen Flieger, die den Hafen verlassen, also im Hafen abheben, schwirren über die Gulf Islands und die Sunshine Coast hinweg bis hoch nach Whistler. Ihr Hauptziel ist jedoch der Inner Harbour in Victoria. Bei dieser Hafen-zu-Hafen-Linie handelt es sich um eine der meistgenutzten Flugrouten Kanadas. Bei der Dichte in der Luft muss natürlich jemand ein Auge darauf haben und den Verkehr regeln. Der Flugkontrollturm befindet sich oben auf einem Bürogebäude Vancouvers, ragt – bei atemberaubendem Hafenblick – 142 Meter in den Himmel und ist damit der höchste der Welt.

Schöner, als sich die Start- und Landemanöver der Flugzeuge anzuschauen, ist nur selbst fliegen. Planmäßige Flüge kann man bei Harbour Air ständig buchen. Fortgeschrittene chartern selbst eine Maschine, um nach Norden ins Hinterland zu entschweben.

Adresse 1055 Canada Place, Vancouver, BC V6C 0C3, www.harbourair.com | **Anfahrt** mit dem Auto, gebührenpflichtiges Parken in der Nähe, auch unter Straßenniveau im Convention Centre | **Öffnungszeiten** vom Ufer aus zu sehen | **Tipp** Wer mehr über die Luftfahrt und Wasserflugzeuge erfahren möchte: Das Spezialgeschäft Flight City wartet mit Büchern, Modellen und Fliegerausrüstung auf (6080 Russ Baker Way, Suite 105, Richmond, BC V78 1B4, www.flightcity.ca).

42__ Das Harbour Centre
Große Schritte für Vancouver

Acht Jahre, 22 Tage, 14 Stunden und fünf Minuten nachdem er kühn seinen linken Fuß auf die Mondoberfläche gesetzt hatte, drückte Neil Armstrong an Vancouvers Harbour Centre seinen linken Schuh in frischen Zement. Eine Regimentskapelle spielte »America the Beautiful«, es folgte ein Blitzlichtgewitter – mit anderen Worten: Es war ein historischer Tag. Ein kleiner Schritt für Armstrong, aber ein Quantensprung für den Immobilienmarkt.

Die Szene trug sich am 8. Juni 1977 zu. Die PR-Aktion kündigte die Eröffnung des Harbour House Restaurant an, das sich hier auf dem höchsten Gebäude der Stadt befand – 146,6 Meter hoch – und das die Form einer fliegenden Untertasse hatte. Entworfen wurde es von WZMH Architects, derselben Firma, die 1973 den CN Tower in Toronto baute. Das Gebäude hieß damals noch Sears Tower, seine Geschichte reicht aber sogar zurück bis zum eleganten Art-déco-Kaufhaus Spencer's Department Store, das 1928 errichtet wurde und fast 30.000 Quadratmeter Verkaufsraum aufbot sowie den besten Lunch Vancouvers. Heute beherbergt das Gebäude des Harbour Centre Firmenbüros, die Harbour Centre Mall, einen Food-Court sowie ein Drehrestaurant und stellt einen der acht Campusse der Simon Fraser University in Downtown dar.

Das Vancouver Lookout Harbour Centre bietet unvergleichliche Panoramablicke, unter anderem auf das Vancouver Convention Centre (siehe Ort 63), den CRAB Park (siehe Ort 19), Deadman's Island (siehe Ort 21), die Holy Rosary Cathedral (siehe Ort 47) und die schwimmende Tankstelle (siehe Ort 89). Im Westen sind der Stanley Park und der Pazifik auszumachen, im Osten die historischen Ursprünge der Stadt, im Norden die North Shore Mountains, wie man sie noch nie gesehen hat. Im Süden erkennt man an einem klaren Tag Mount Baker im US-Bundesstaat Washington. Nirgends zu erspähen ist Armstrongs Fußabdruck; niemand weiß, wo er sich heute befindet. Womöglich in einem Requisitenatelier Hollywoods.

Adresse 555 West Hastings Street, Vancouver, BC V6B 4N6, Tel. +1 (604)689-7304, www.harbourcentre.com | **Anfahrt** SkyTrain bis Waterfront (Canada & Expo Line); die Lookout Parking Parkade findet man in der West Cordova Street 450 direkt neben dem Harbour Centre | **Öffnungszeiten** saisonale Öffnungszeiten auf der Website der Mall | **Tipp** Der Reichtum, den der alte Spencer's Department Store abgeworfen hat, lässt sich an »Aberthau« ablesen, der in Point Grey gelegenen Villa eines der Söhne des Gründers Thomas Spencer (4397 West 2nd Avenue, Vancouver, BC V6R 1K3, www.westpointgrey.org/program-facility/aberthau-mansion). Sie ist dem Tudor-Stil nachempfunden und kann für spezielle Anlässe gemietet werden.

43_Das Hastings Mill Store Museum
Vancouvers ältestes Gebäude

Seltsamerweise steht dieses Haus, ein Überlebender des großen Feuers anno 1886, das die ganze Stadt in ihrer Frühphase niederbrannte, nicht am Originalort. Das Gebäude befand sich einmal am Nordende der Dunlevy Avenue im heutigen Viertel Railtown, wurde jedoch 1931 mittels Barge ins ländlichere Point Grey versetzt, um es ein zweites Mal zu retten (diesmal vor der Abrissbirne der Immobilienhaie). Was im Gebäude überdauert hat, ist so erstaunlich wie das Haus selbst: der Originaltisch, den der erste Stadtrat, der Vancouver City Council, benutzte, die Öllampe von Joe Fortes (siehe Ort 31), Gegenstände aus der sagenumwobenen SS »Beaver« (siehe Ort 95) sowie Hunderte Kuriositäten aus jenen frühen Tagen, als Vancouver eine kleine Holzfällerstadt am Rande des expandierenden British Empire war.

In den 1860ern begann der Laden als kleiner Anbau der Stamp's Mill, einer Holzfabrik. Wie bei vielen Unternehmen waren die ersten Jahre steinig. Das Management wechselte, 1870 wurde das Werk in Hastings Mill umbenannt. Die treue Kundschaft kaufte jedoch nach wie vor im Fabrikladen ein, der, wie eine frühe Version von Amazon, von Pfeifentabak bis hin zu Unterwäsche alles hatte.

Gemeinsam bildeten die Holzfabrik und der Laden das merkantile und soziale Zentrum der sich rasant entwickelnden Stadt Vancouver und stellten den Ground Zero ihrer ökonomischen Entwicklung dar. Zumindest war dies der Fall, bis die Canadian Pacific Railroad 1886 einen Bahnhof ans Ende der Granville Street setzte und das Zentrum westwärts verschob. 1928 war die Fabrik abrissreif, allein einer lokalen Frauengruppe war es zu verdanken, dass der Laden gerettet wurde.

Es ist schade, dass das Gebäude so weit von der Ur-Umgebung seines Gedeihens entfernt wurde, aber genau dieser Umzug rettete es schließlich, sodass auch wir Heutige noch etwas davon haben.

Adresse 1575 Alma Street, Vancouver, BC V6R 3P3, Tel. +1 (604)734-1212, www.hastingsmillmuseum.ca, hastings.mill@gmail.com | **Anfahrt** mit dem Auto, kostenfreies Parken in der Nähe möglich | **Öffnungszeiten** saisonale Öffnungszeiten siehe Website | **Tipp** Nicht weit vom Hastings Mill Store, am Fuß einer ausgetretenen alten Zementtreppe am Ende der Cameron Avenue, können Sie einen spektakulären Sonnenuntergang genießen, während das Meeerwasser an Ihren Füßen leckt (Cameron Avenue, Vancouver, BC V6R 3P3).

44 Das Haus von Oma Hendrix
And the wind cries Nora

Viele wissen, dass Gitarrenlegende und Musikphänomen Jimi Hendrix aus Seattle stammte und viel zu jung starb. Wenige jedoch wissen, dass seine Großmutter Zenora »Nora« Rose Hendrix in Vancouver lebte, wo sie 100 Jahre alt wurde.

Nora galt als Säule der afrokanadischen Community, deren Zentrum in den 1920ern im Viertel Strathcona um die Main Street und die Union Street herum lag. Sie war Mitbegründerin der ersten schwarzen Kirche Vancouvers, der Fountain Chapel, die zur African Methodist Episcopal (AME) Church gehörte, und lud viele Pastoren zu sich nach Hause ein. Geboren wurde sie in Tennessee und arbeitete als Mitglied einer Varieté-Truppe. 1911, nachdem sie Ross Hendrix geheiratet hatte, siedelte sie nach Vancouver über. Das Paar hatte drei Kinder. Al, der Jüngste, wurde 1919 geboren. Er zog nach Seattle, traf und ehelichte Lucille, und im Sommer 1942 kam Baby James »Jimi« Marshall Hendrix zur Welt. Die Sommer verbrachte Jimi bis 1952 im Haus seiner Großmutter in Vancouver. Diese Ferienzeit muss einen immensen Einfluss auf den jungen Musiker gehabt haben. Nora arbeitete als Köchin bei Vie's Chicken and Steak House, wo sie Superstars Köstlichkeiten auftischte, darunter Nat King Cole, Lena Horne, Billie Holiday, Ella Fitzgerald, Louis Armstrong, Sammy Davis Jr. und Duke Ellington. Ebenso genoss die Fountain Chapel einen Ruf als beliebter Versammlungsort von Gospelsängern. In seiner Jugend war Jimi zuweilen als Straßenmusiker in der Granville Street unterwegs und trat auch in zwei bekannten Nachtclubs auf: Dante's Inferno und The Smilin' Buddha, wo er aber rausflog, weil er »zu laut« spielte.

1984 starb Nora und wurde in Renton, Washington, außerhalb von Seattle begraben. Sie allerdings war dabei, als ihr Enkel am 7. September 1968 gemeinsam mit The Jimi Hendrix Experience, einer der angesagtesten Bands dieser Zeit, das Pacific Coliseum zum Rasen brachte.

Adresse 827 East Georgia Street, Vancouver, BC V6A 2A5 | **Anfahrt** mit dem Auto, Parken an der Straße möglich | **Öffnungszeiten** immer, nur von außen zu besichtigen | **Tipp** Der Ausflug in Jimi Hendrix' Jugend lässt sich dort fortsetzen, wo einmal das Vie's Chicken and Steak House stand. Hier ist ein blaues Backsteinhaus zu sehen, in dem Jimi nach Feierabend Gitarre übte (209 Union Street, Vancouver, BC V6A 2V7).

45 Die Hausboote
Relaxter Nonkonformismus

Im Großraum Vancouver gibt es um die 700 Hausboote. Was aber bringt einen Menschen dazu, seinen Hausstand samt Mobiliar zusammenzupacken und ihn dicht gedrängt in einen auf den Wellen schaukelnden, feuchten Kahn zu stopfen? Schwer zu erklären, aber die Antwort dürfte unter anderem im relaxten marinen Lifestyle, einem Hang zu Nonkonformismus und den großartigen Aussichten auf dem Wasser begründet liegen. Eine erste Vorstellung davon, wie es sich auf einem Floß so lebt, vermittelt ein Besuch der kleinen Marina auf Granville Island, wo zwölf dieser wankenden, schwankenden, immer aber beschwingten bunten Meeres-Eigenheime eine einzigartige und lebendige Community bilden. Das schwimmende Dorf »Sea Village« findet man bei Pier 32; seit den 1960ern ist es ein Teil des Meeresarms False Creek. Ein bisschen lebt man hier auf dem Präsentierteller. Es gibt viele Touristen und Schaulustige, die Fragen stellen.

Einiges sollte man tatsächlich vorher wissen: British Columbia blickt auf eine lange Hausbootgeschichte zurück. Die ersten waren schlichte Holzbuden, die auf Baumstämmen standen und stetig die Küste rauf- und runterfuhren und für Sägewerke oder in der Forstwirtschaft verwendet wurden. Heute ist ein Liegeplatz teuer und rar, es gibt strenge Umwelt-, Sicherheits- und Abwasserbestimmungen. Vorbei sind die Tage, an denen man nur vor Anker ging und diesen Ort sein neues Heim nannte. Die Abwässer eines Hausboots werden in denselben Abwasserkanal geleitet, den auch die Festlandbewohner Vancouvers nutzen.

Einige der kleineren doppelstöckigen Hausboote schwanken ziemlich, und die Unterbringung von Topfpflanzen, Klavieren oder Dinnergästen kann zum Balanceakt werden. Die meisten der schwimmenden Heime sitzen heute auf großen betonummantelten Styroporflößen, was sie unsinkbar macht. Eine Flut jedoch, die über viereinhalb Meter steigt, sorgt auch bei den begeistertsten Wasseranrainern für Sorgenfalten.

Adresse 1301 Johnston Street, Vancouver, BC V6H 3R9 | **Anfahrt** Bus 050 bis 2nd Avenue nahe Johnston Street | **Öffnungszeiten** nur vom Ufer aus zu sehen | **Tipp** Der »Granville Island Public Market« war der erste seiner Art in Westkanada. Als er 1979 öffnete, ebnete er den anderen Märkten den Weg. Ein Must-see weniger als 500 Meter von den Hausbooten entfernt (1669 Johnston Street, Vancouver, BC V6H 3R9).

46 Der Heritage Harbour
Wo alt und hübsch nicht reicht

Einst war dies ein malerischer kleiner Hafen mit alten Booten, die aussahen, als hätten sie schon bessere Tage gesehen und wollten nun hier ihren Lebensabend verbringen – oder sinken.

Heute bläst eine frische Brise neue Hoffnung und Energie in die Segel von Holzboot-Enthusiasten. Im Heritage Harbour liegen nur noch Boote, die historisch relevant sind und eine Geschichte zu erzählen haben. Fast alle befinden sich in Privatbesitz. Sämtliche Eigentümer müssen sich bei Hafenmeister Bruce MacDonald schon eine besondere Tonlage einfallen lassen, um anlegen zu dürfen. Alt oder hübsch zu sein (das Boot) reicht nicht. Das Boot von Bruce, die »North Star of Herschel Island«, hat einen hohen Standard gesetzt. Die arktische Ikone, Baujahr 1935, war bei vielen Chronisten der kanadischen Abenteuergeschichten – darunter Pierre Berton and Farley Mowat – ein bekannter Name. Andere Schiffe, die man hier bestaunen kann, sind die »Mysterion«, Baujahr 1927, die aus Holz gebaut wurde, das von der »Empress of Japan« stammte, oder die »Sylvester«, ein sechs Meter langes Prachtstück im Dory-Stil, das einst Will Millar von den Irish Rovers gehörte. Dauerhaft zu sehen ist auch das Mounties-Schiff »Nadon«, das über die Nordwestpassage ganz Nordamerika umrundete und über den Panamakanal zurückkehrte.

Ein wenig gleicht der Hafen einem sich wandelnden Festbankett; Nie weiß man genau, welche Schiffe gerade hier liegen, was einen Besuch immer spannend macht.

Eine aufregende neue Entwicklung ist der Plan von Simon Fawkes und Danny Robertson, Eigentümer der »Providence«, einem fast 25 Meter langen Großsegler von 1903, umweltfreundliche Handelsreisen zu den Gulf Islands zu unternehmen und am Wochenende zurückzukehren, um Obst und Gemüse direkt vom Schiff zu verkaufen. In den Wintermonaten werden sie vielleicht gar bis Südamerika hinuntersegeln – auf Kaffeefahrt. Also: Anker lichten und rüber zum Heritage Harbour schippern, um sich den Augenschmaus zu gönnen.

Adresse 1905 Ogden Avenue, Vancouver, BC V6J 1A3, www.vancouvermaritimemuseum.com | **Anfahrt** mit dem Auto, die nächste gebührenpflichtige Parkgelegenheit ist in der Chestnut Street 900; mit der Fähre bis Maritime Museum | **Öffnungszeiten** täglich von Sonnenauf- bis -untergang | **Tipp** Drüben beim Maritime Museum, einem Nurdachhaus, ist die »Ben Franklin« zu erspähen, ein U-Boot, dessen Besatzung von sechs Mann anno 1969 30 Tage lang durch den Golfstrom fuhr und dabei 2.300 Kilometer zurücklegte.

47   Die Holy Rosary Cathedral
Wo Frankensteins Braut sich traute

Lange bevor er 1935 zum Star des Horrorklassikers »Frankensteins Braut« wurde, ehelichte Boris Karloff, mit richtigem Namen William Pratt, die erste seiner sechs Frauen, Grace Harding, am 2. Februar 1910 in der Holy Rosary Cathedral. Es hätte sie damals wohl geschaudert, hätte sie geahnt, dass sie eines Tages scherzhaft die »Originalbraut Frankensteins« genannt werden würde. Bedenkt man jedoch, dass die Ehe nur drei Jahre hielt, wäre sie vielleicht schließlich doch einverstanden gewesen.

In jedem Fall ist es interessant, am Eingang der Kathedrale zu stehen und über die vielen Menschen und Veränderungen nachzusinnen, die dieses Bauwerk in seiner reichen Geschichte erlebt hat. Das Gotteshaus geht auf eine Holzkirche von 1886 an gleicher Stelle zurück. Seither spiegelt es Vancouver und die Zeitläufte wider. Die Trauerfeier für Joe Fortes fand 1922 hier statt (siehe Ort 31); es schloss sich die größte Prozession an, die die Stadt je gesehen hatte. In den 1950ern geriet der Pastor der Kathedrale, J. E. Brown, in die Einflusssphäre von LSD-Papst Alfred M. Hubbard und warf Acid ein, während er seinen Gemeindeschäfchen das spirituelle Potenzial der psychedelischen Droge predigte. 1981 wurde Chief Dan George von der Tsleil-Waututh-Nation und Star vieler Hollywood-Western hier zu Grabe getragen. Papst Johannes Paul II. trat 1984 durch die Pforte.

Jenseits von Promi-Geschichten bewundern Besucher heute etliche Kunstschätze, die zwischen den anglo-normannischen Säulen aus rotem Scagliola-Marmor zu finden sind, die das gotische Tonnengewölbe tragen, darunter die älteste Pfeifenorgel der Provinz aus der Zeit der Romantik und 21 herrliche Buntglasfenster.

Besonders bemerkenswert sind die fünf Guido-Nincheri-Fenster, die vor 60 Jahren fertiggestellt wurden. Dasjenige mit der Madonna war einst auf einer kanadischen Weihnachtsbriefmarke abgebildet.

Außerhalb der Kirche steht die eindrückliche zeitgenössische Skulptur »Homeless Jesus« von Timothy Schmalz.

Adresse 646 Richards Street, Vancouver, BC V6B 3A3, Tel. +1 (604)682-6747, www.holyrosarycathedral.org, office@vancouvercathedral.org | Anfahrt SkyTrain bis Granville oder Stadium-Chinatown (Expo Line); mit dem Auto, nächste Parkgelegenheit: Impark No. 1037, gebührenpflichtiges Parken in der Richard Street | Öffnungszeiten siehe Website unter Besucherinformationen | Tipp Die Christ Church Cathedral liegt etwa einen halben Kilometer entfernt und lohnt ebenfalls einen Besuch (690 Burrard Street, Vancouver, BC V6C 3L1, www.thecathedral.ca). Sehenswert ist das »Repository for Regimental Colours« in der Nische der östlichen Kanzel. Hier wandelt man auf den Spuren von Prince Charles and Diana, Princess of Wales, die hier 1986 einen Gottesdienst besuchten.

48_ Die Holzachterbahn
Shake, Rattle and Roll

Es gibt zwei Arten von Achterbahnen – solche aus Metall und solche aus Holz. Die metallenen *roller coasters* sind meist schnittig, schnell und modern. Die hölzernen kommen eher klapprig, holprig und laut daher. Meist sind sie auch älter, interessanter und vergnüglicher.

Das ist in etwa alles, was man wissen muss, um wertzuschätzen, dass Vancouver eine der berühmtesten Achterbahnen Nordamerikas zu bieten hat. Seit 1958 steht sie an der Ecke der Cassiar Street und der Hastings Street im Vergnügungspark »Playland at the Pacific National Exhibition«. Die Fahrt genießt unter Kennern einen Weltklasseruf, da sie über viele Anstiege, schnelle Kurven und einen magenintensiven, knochenerschütternden 23-Meter-Drop am Start verfügt. Ein echter Klassiker, dem von der Organisation »American Coaster Enthusiast« Wahrzeichen-Status zuerkannt wurde.

Der Sturz zu Beginn treibt die Fahrt des achtwagigen Coasters über die gesamte 865 Meter lange Strecke an; Höchstgeschwindigkeit sind 72 Stundenkilometer. Anders als Metallbahnen fühlen sich die hölzernen Bahnen ernsthaft unsicher an. Die gesamte 90-sekündige Fahrt über kommt es einem so vor, als sei die Bahn völlig außer Kontrolle geraten. Die Massenträgkeit in den vielen adrenalinsatten Kurven rammt den Körper in den Sicherheitsbügel; es entsteht so viel Andruck, dass man sich wie ein Astronaut im Spaceshuttle fühlt.

Aber keine Angst: Diese Achterbahn ist sicher. In 60 Jahren ist nicht ein größerer Unfall gemeldet worden. Gut instand gehaltene Holzachterbahnen sterben im Grunde nie. In Vancouver kümmert sich eine kleine Crew ganzjährig um die Anlage, ersetzt Holzbalken, schmiert Kugellager, überholt Dichtungen und Gurte. Sie können also sicher sein, dass Sie Ihren Freunden noch von dem Erlebnis erzählen werden.

Echte Geschwindigkeitsfreaks kaufen sich eine Tageskarte für alle Fahrgeschäfte im Playland. 1958 hätte der Wahnsinnsritt auf der Holzachterbahn nur 40 Cent gekostet.

Adresse 2901 East Hastings Street, Vancouver, BC V5K 5J1, Tel. +1 (604)253-2311, www.pne.ca/playland | **Anfahrt** mit dem Auto, gebührenpflichtiges Parken am Playland gegenüber vom Haupttor, Kreuzung Hastings und Windermere Street | **Öffnungszeiten** täglich Mai–Sept., genaue Öffnungszeiten auf der Website | **Tipp** Es lohnt auch eine Fahrt im furchterregenden Schwingarm von The Beast, nahe der Achterbahn, eine supermoderne grüne Metallkonstruktion, die einem den Kopf schwindlig dreht und einem eine Höllenangst einjagt.

49 Das Honeybee Centre
Goldenes Elixier

Sollten Honigbienen jemals aussterben, wird das zum Problem für die Menschheit, denn sie bestäuben rund ein Drittel dessen, was wir essen. Viele Einheimische hegen und studieren diese faszinierenden kleinen Geschöpfe. British Columbia wird zuweilen auch als »Bee-Cee« bezeichnet. Die Bienenstöcke von kommerziellen und Hobby-Imkern findet man überall auf Feldern, in Hinterhöfen und auf den Dächern von Gebäuden in Downtown. 2003 legalisierte die Stadt Vancouver die Bienenhaltung in Wohngebieten. Heute gibt es über 2.300 registrierte Züchter in British Columbia, die sich um mehr als 45.000 Bienenvölker kümmern. Jedes von ihnen umfasst 20.000 bis 30.000 Bienen. Und jetzt rechnen Sie mal.

Im Honeybee Centre findet man die Spezialisten: Hier gibt es alles von Info-Kursen bis zum Verkauf von Honig und anderen Bienenprodukten. Sogar ein Indoor-Bienenstock ist live zu besichtigen. Das Centre liegt etwa 30 Kilometer von Vancouver entfernt in der Gemeinde Surrey, wo es für die Tiere reichlich zu ernten gibt. Honigbienen können im Schnitt bis zu fünf Kilometer weit fliegen; der gesamte Stock sammelt den Nektar von über zwei Millionen Blüten, um nur eines der ein Pfund schweren Gläser auf dem Regal zu füllen. Der hier angebotene Honig stammt von einer großen Bandbreite von Gewächsen, darunter Buchweizen, Blaubeeren, kanadischer Lattich und Klee. So hat jeder Honig ein eigenes Aroma.

Dem 2002 gegründeten Centre geht es darum, das Leben der Menschen mit der geheimnisvollen Welt der Bienen zu bereichern. Der Laden bildet das Herz der Anlage, während eine Scheune und ein paar andere Außengebäude den Rest des Komplexes ausmachen. Das Restaurant neben dem Laden – Beestro – serviert raffinierte Salate, Backwaren und weitere Leckerbissen, von denen viele natürlich das köstliche goldene Elixier enthalten. Obwohl viele Tiere, darunter Menschen, Insekten essen können – wussten Sie, dass die Biene das einzige Insekt ist, das Nahrung für Menschen herstellt?

Adresse 7480 176 Street, Surrey, BC V3S 7B1, Tel. +1 (604)575-2337, www.honeybeecentre.com | **Öffnungszeiten** Centre täglich 9–19 Uhr; Beestro täglich 10–17 Uhr | **Tipp** Das Honeybee Centre verfügt noch über eine kleinere Filiale, den Main Street Honey Shoppe im Herzen von Vancouver (4125 Main Street, Vancouver, BC V5V 3P6).

50 __ Die Horste der Reiher
Vogel-Cam im Stanley Park

Ein ungewöhnlicher, doch weit verbreiteter Vogel Nordamerikas ist der majestätische Kanadareiher. Ein Drittel der Weltpopulation lebt nahe Vancouver um die Salische See herum. Bis zu sechs Pfund können die Tiere wiegen, sie sind rund 1,20 Meter groß bei einer Flügelspannweite von 1,80 Metern. Die stattlichen koloniebildenden Vögel leben in Gruppen von großen Horsten, die meisten nahe dem Parkeingang. Seit 2001 brüten viele Reiher hinter dem niedrigen Bürogebäude der Parkverwaltung in der Beach Avenue Nummer 2099; die Horste entwickelten sich zur größten Kanadareiher-Kolonie Nordamerikas in einem Stadtgebiet.

Zum ersten Mal wurden die Vögel bereits 1929 im Stanley Park gesichtet. Damals hätte man unter »Hightech« leistungsstarke Ferngläser verstanden. Heute gibt es andere Möglichkeiten, Kanadareiher zu beobachten. Die Popularität der Kolonien brachte das Parks Board 2015 auf die Idee, eine hochauflösende »Heron Cam« zu installieren. Von dort überträgt ein Livestream das Geschehen in den Nestern von einem hohen Baum aus. Durch die Online-Kamera lassen sich das Balzverhalten, die Paarungsrituale, ihre Nestreinigungsgewohnheiten und, wenn das Timing stimmt, auch das Schlüpfen von Küken beobachten. Im Internet oder von der Straße unterhalb aus sieht man auch, wie die Eltern Angreifer wie Adler oder Waschbären abwehren, die ebenfalls im Stanley Park leben. Wer sie kreisen sieht, ist von ihren eleganten, gemächlichen Flügelschlägen fasziniert.

Die Ansiedlung der prähistorisch wirkenden fliegenden »Dinosaurier« nahe dem Parks Board legt nahe, dass die Kanadareiher gewitzter sind, als wir denken, denn ihr Wohlergehen fällt in die Zuständigkeit des gewählten Parkvorstandes. Da sie als »gefährdete Art« gelistet sind, war es ziemlich clever von ihnen, sich bei ihren offiziellen Beschützern einzunisten.

Die Heron Cam streamt von Anfang März bis zum Ende des Sommers und der Brutsaison.

Adresse 2099 Beach Avenue, Vancouver, BC V6G 1Z4, www.stanleyparkecology.ca/conservation/urban-wildlife/herons | **Anfahrt** mit dem Auto, gebührenpfllichtiges Parken auf dem Parkplatz des Parks Board Office in der Park Lane | **Öffnungszeiten** immer | **Tipp** Von ihrem Baum haben die Reiher einen Blick aus der Vogelperspektive auf den Stanley Park Lawn Bowling Club. Er ist nicht nur über 100 Jahre alt, sondern auch der größte Rasenbowlingplatz in Kanada (9100 Stanley Park Drive, Vancouver, BC V6G 3E2, www.splbc.com).

51 Das Hotel Georgia
Marlene, Elvis, Beatles

Manche Häuser erleben eine Glanzzeit und verblassen schließlich zu faden Echos ihrer gloriosen Vergangenheit. Andere beginnen unspektakulär und gelangen erst mit der Zeit in den Genuss des Ruhms.

Für das Hotel Georgia gilt weder das eine noch das andere; dieses Juwel hat immer auf der A-List gestanden. Wer hier gefühlte Millionen Mal vorbeigekommen ist und nie reingeschaut hat, sollte dieses Versehen korrigieren. Ein Zimmer braucht man dafür nicht zu buchen – einfach nur reingehen. Die Bar in der Lobby serviert klassische Cocktails aus der goldenen Ära des Jazz, die einen vom Hocker hauen. Während man in der eleganten Lounge seinen Drink schlürft, lassen sich gut Fotografien von vergangenen Besuchern in den Blick nehmen: Elvis, die Beatles, Louis Armstrong, Nat King Cole, Queen Elizabeth und John Wayne, um nur ein paar zu nennen.

Das 1927 eröffnete Hotel avancierte früh zum Mekka des Jazz und der Big-Band-Freunde – in solchem Maße, dass die erste populäre Radiostation British Columbias, CKWX, dauerhaft hier einzog und aus der obersten Etage live sendete.

Das Hotel war auch, zumindest beinahe, der Ort, an dem Errol Flynn seine letzten Tage verlebte. Der verwegene Hollywood-Recke war gebuchter Gast, als er mit seiner Teenager-Freundin 1959 Vancouver besuchte. Wie sich herausstellte, verbrachte er jedoch die meiste Zeit damit, sich auf Cocktailpartys die Kehle zu befeuchten, und es ist unklar, ob er je eincheckte. Sicher weiß man nur, dass er – und seine Leber – bei einer Party in der Burnaby Street 1310 endgültig auscheckte. Obwohl eine Komplettrenovierung 2011 die Zahl der Zimmer von 313 auf 155 reduzierte, wurde viel Bewahrenswertes erhalten. Als offizielle Kulturerbestätte Kanadas, die in der Nähe von praktisch allem in Downtown liegt, belohnt das Hotel einen Besuch reichlich, und sei es nur als Stippvisite, bei der man sich umschaut und sich fragt, wie es gewesen sein muss, als Marlene Dietrich mit ihren 40 Koffern hier aufkreuzte.

Adresse 801 West Georgia Street, Vancouver, BC V6C 1P7, Tel. +1 (604)682-5566, www.rosewoodhotels.com/en/hotel-georgia-vancouver | **Anfahrt** SkyTrain bis Vancouver City Centre (Canada Line); mit dem Auto, gebührenpflichtiges Parken in der Nähe möglich | **Öffnungszeiten** Öffnungszeiten von Bar und Restaurant auf der Website | **Tipp** Die »Bill Reid Gallery of Northwest Coast Art« liegt um die Ecke (639 Hornby Street, Vancouver, BC V6C 2G3, www.billreidgallery.ca). Die Galerie beherbergt die Simon Fraser University Bill Reid Collection und besondere Ausstellungen zeitgenössischer indigener Kunst der Nordwestküste Nordamerikas.

52 Houdinis Fenster
Zauberer in Zwangsjacke

»Am 1. März 1923 narrte Harry Houdini, der Welt größter Entfesselungskünstler, den Tod und fesselte damit die Aufmerksamkeit einer ganzen Stadt«, ist das, was auf einer Messingmarkierung auf dem Bürgersteig zu lesen sein *sollte*. Leider gibt es keine solche metallene Kennzeichnung, und jene Aktion, die vor knapp 100 Jahren den Verkehr beinahe zum Erliegen brachte, bleibt in Geschichtsbücher verbannt.

Wer heute an diesen eher unscheinbaren Ort kommt, steht an jener Stelle, an der Houdini sehr gut zu Tode hätte kommen können – wäre die Nummer schiefgegangen.

Warum aber hing der Präsident der »Society of American Magicians« in Zwangsjacke und mit Ketten umwickelt an seinen Fußknöcheln aufgehängt aus einem Fenster im zweiten Stock? Antwort: Houdini war nicht nur Profi-Magier, er war auch PR-Genie und Entertainer. Und was machte wirksamere Werbung für seine Show im Orpheum Theatre als ein Gratis-PR-Stunt im Verlagshaus der Zeitung »The Vancouver Sun«? Mrs. Houdini war auch unter den Zuschauern. Pure Marketing-Chuzpe. Die Show war ausverkauft, und Houdini legte quer durch Nordamerika und rund um die Welt ähnliche Kunststückchen hin. Er brachte viele todesverachtende Glanznummern auf die Bühne und hatte, wie die heutigen Kollegen Penn & Teller, keine Skrupel, Trickbetrüger auffliegen zu lassen, besonders spiritistische Medien. Mit einer Bauchfellentzündung infolge eines perforierten Blinddarms hingegen kam er wesentlich schlechter klar und starb nur drei Jahre nach seinem Besuch in Vancouver. Zuvor versprach er seiner Frau, er werde eine geheime Botschaft an sie senden, falls dergleichen möglich sei. Bislang noch kein Wort. Manche halten noch heute Séancen ab in der Hoffnung, er werde sich melden.

»The Sun« zog irgendwann aus dem Haus aus, das Gebäude wurde abgerissen. An seiner Stelle steht heute das Pendera Building, ein Haus mit 113 Einheiten von 1989 mit Sozialwohnungen. Der Geist Houdinis jedoch schwebt noch immer in der Luft.

Adresse 137 West Pender Street, Vancouver, BC V6B 1S4 | **Anfahrt** mit dem Auto, gebührenpflichtiges Parken in der Straße | **Öffnungszeiten** immer zugänglich | **Tipp** Fans des Metaphysischen könnten eine Tarot-Sitzung bei The Good Spirit schätzen (309 Cambie Street, Vancouver, BC V6B 2N4, www.thegoodspirit.ca).

53 Die Jack Poole Plaza
Erloschen, entflammt

Am 12. Februar 2010 waren die Augen der Welt auf vier schlanke silbrige Arme aus Metall gerichtet. In den Spitzen der zwölf Meter hohen, ineinander verschlungenen Säulen verbargen sich Gasleitungen, die während der 16 Tage der Winterspiele in Vancouver die olympische Flamme befeuern sollten. Über zwei Milliarden Menschen weltweit schauten sich die Eröffnungszeremonie an – ganz oder teilweise – und staunten, als an einem regnerischen Freitagabend der Kanadier Wayne Gretzky den riesigen Outdoor-Kessel erleuchtete.

Die Originalflamme ist erloschen, der Kessel wird heute nur noch zu großen feierlichen Anlässen erleuchtet. Die prophetische Geschichte hinter dem Mann, der die Spiele ermöglichte, ist jedoch erzählenswert.

Jack Poole war Vorsitzender des Olympia-Komitees, ein prinzipienfester, hart arbeitender und großzügiger Geschäftsmann, der aus bescheidenen Verhältnissen stammte und es dennoch ins Komitee schaffte. Geboren wurde er in der kleinen Präriestadt Mortlach, Saskatchewan (254 Einwohner) am 14. April 1933. Unermüdlich arbeitete er zehn Jahre seines Lebens für die Spiele, leitete zunächst jene Initiative, die das IOC überzeugen sollte, die Winterolympiade an Vancouver zu vergeben. Sobald der Deal in der Tasche war, orchestrierte er das größte globale Event.

Das Olympische Feuer sah er leider nie; wie das Schicksal es wollte, starb er am 23. Oktober 2009. Am Tag vor seinem Tod wurde das Feuer in Olympia entzündet, dreieinhalb Monate später hatte die Fackel ihren Weg um die Welt zurückgelegt und war schließlich in Kanada angekommen – getragen von 12.000 Fackelträgern.

Heute steht der Kessel vor der atemberaubenden Kulisse der North Shore Mountains und von Coal Harbour und dient der Erinnerung an die außergewöhnlichen Spiele, die Vancouver 2010 über die Bühne brachte, und der Leidenschaft, die tief im Innern jenes Mannes loderte, der dies alles möglich machte.

Adresse 1055 Canada Place, Vancouver, BC V6C 3L5, Tel. +1 (604)665-9000, www.vancouverconventioncentre.com | **Öffnungszeiten** immer zugänglich | **Tipp** Im Vancouver Convention Centre nebenan sind Medaillen der Olympiade von 2010 und der Paralympics aus demselben Jahr ausgestellt, zusammen mit einer echten Fackel, die beim Fackellauf 2010 dabei war. Man gehe zunächst ins Convention Centre West und nehme dann den Aufzug nach unten (999 Canada Place, Vancouver, BC V6C 3E1).

54 Das japanisch-kanadische Kriegsdenkmal
Säule der Community

Das Japanese Canadian War Memorial liegt nicht versteckt. So richtig sichtbar ist es aber auch wieder nicht – nicht unähnlich der Kriegsgeschichte der japanischstämmigen Einwohner Vancouvers, derer es gedenkt.

Heute ist die Vielfalt der Bevölkerung Vancouvers ein Ursprung großen Stolzes. Anno 1914 jedoch sah dies gänzlich anders aus. Die meisten japanischen Einwohner lebten in einem Stadtteil, der inoffiziell auch Japantown oder Little Tokyo genannt wurde. Wie andere sichtbare Minderheiten war die Community aktiv, bedeutsam, aber nicht voll akzeptiert. Nur sieben Jahre vor dem Ersten Weltkrieg wurde Japantown – heute Railtown – zum Schauplatz von drei Tage andauernden antiasiatischen Unruhen, ausgelöst durch Arbeitsunruhen, geschürt durch Mitglieder der Asiatic Exclusion League.

Angesichts der Feindseligkeiten, die sich gegen ihre Gemeinde richteten, ist der Umstand, dass überhaupt ein Japaner aus Vancouver sich freiwillig meldete, um für Kanada zu kämpfen, erstaunlich. Es war aber nicht nur einer, sondern viele. Diejenigen, die von Regimentern in British Columbia abgelehnt wurden, zogen bis Alberta, um sich einberufen zu lassen. Wählen durften sie nicht, aber sie kämpften mutig und tapfer. Viele ließen ihr Leben für ein noch immer mängelbehaftetes Wertesystem. Darum ist dieses Denkmal ein ergreifendes Zeugnis des Zusammenwachsens als Nation. Unscheinbar und zugleich kühn wie die Bürger, die es ehrt, steht das Memorial in einer abgeschiedenen, friedlichen Gegend, umgeben vom Laub der Kirschbäume. Entworfen wurde die Säule von Architekt James Benzie, enthüllt wurde sie 1920. Ganz oben ist eine japaneske Leuchte zu sehen. Sie brennt im Gedenken an die Veteranen des Ersten Weltkrieges, deren Namen am Sockel zu lesen sind. Nach dem Angriff auf Pearl Harbor wurde das Licht der Laterne gelöscht, 1985 jedoch wieder entzündet.

Adresse Stanley Park, Vancouver, BC V6G 3E2, www.stanleyparkvan.com | **Anfahrt** mit dem Auto, Parken dort, wo die Pipeline Road auf die Rose Garden Lane trifft, oder am Aquarium | **Öffnungszeiten** immer zugänglich | **Tipp** Die Japanese Hall & Vancouver Japanese Language School (487 Alexander Street, Vancouver, BC V6A 1C6, www.vjls-jh.com), 1928 erbaut, ist der ideale Ort, um Japanisch zu lernen – und mehr über die japanische Community Vancouvers zu erfahren.

55 Der japanische Garten
Tribut an Inazo Nitobe

Die Dichte an Symbolik, mit der diese 4.000 Quadratmeter idyllischer Campuslandschaft der University of Columbia aufgeladen sind, erstaunt den Gelehrten und begeistert den Japanophilen. Der nach dem Wissenschaftler und Staatsmann Inazo Nitobe (1862–1933) benannte Nitobe Memorial Garden kann als ein Tribut an dessen Vision von einer harmonischen Welt verstanden werden.

Da Konosuke Mori von der Chiba University den Garten nicht nur zum ästhetischen Vergnügen, sondern auch zur Anregung des Intellekts anlegte, ist hier alles sinnhaft. Der Hauptweg etwa symbolisiert den ewigen Kreislauf von Werden und Vergehen. Jeder der sechs Wasserübergänge hat seine eigene Bedeutung. Die aus 77 Rundhölzern bestehende Brücke steht für »eine Brücke über den Pazifik«, während eine raffinierte Zickzackbrücke am Iristeich den Teufel verwirren soll, weil böse Geister nur auf geraden Bahnen unterwegs sein sollen.

Die Insel der Ewigkeit, wo die Steine so platziert sind, dass sie an die Gestalt einer Schildkröte erinnert, steht symbolisch für Langlebigkeit. Der abgeflachte Stein namens *rahai seki* soll Nitobes Seele repräsentieren. Wären Menschen Blumen, dürfte man sich Inazo Nitobe sicher nicht als Mauerblümchen vorstellen. Als einer der ersten internationalen Studenten verließ er 1884 Tokio, um an der Johns Hopkins University in den USA Politikwissenschaften und Ökonomie zu studieren, bevor er an der Uni im deutschen Halle seinen Doktor machte. Bald darauf schmückte er sich mit vier weiteren Doktortiteln sowie einer westlichen Frau, wurde Quäker und war an der Entstehung des Völkerbundes beteiligt. Jahrzehnte bevor Yoko Ono die Idee zum Song machte, bat er jeden darum, dem Frieden eine Chance zu geben. In Japan war er von 1984 bis 2007 auf der 5.000-Yen-Note abgebildet.

Nur einen Bruchteil davon kostet der Eintritt in diesen Garten – ein sehr günstiger Weg zum inneren Frieden.

Adresse 1895 Lower Mall, Vancouver, BC V6T 1Z4, Tel. +1 (604)822-6038, https://botanicalgarden.ubc.ca | **Anfahrt** mit dem Auto, die nächste gebührenpflichtige Parkgelegenheit findet man beim Fraser-River-Parkplatz der UBC in der Memorial Road 6440 | **Öffnungszeiten** saisonale Öffnungszeiten auf der Website | **Tipp** Wen der Garten auf den Japan-Geschmack gebracht hat, der gönne sich in Hidekazu Tojos Restaurant einige der besten Sushis diesseits des Pazifiks (1133 West Broadway, Vancouver, BC V6H 1G1, www.tojos.com).

56 Der Jericho Beach
Der bewegte Strand

Beim Jericho Beach kommen den meisten der Segelclub oder die Kajak- und Stand-up-Surfboard-Vermietung in den Sinn, vielleicht haben sie auch »nur« einen netten Ort zum Picknicken vor Augen. Dieses verschlafene Küstenparadies hat jedoch eine interessante Vergangenheit.

Beginnen wir mit dem Namen. Wer glaubt, dieser Ort sei nach der alttestamentarischen Stadt am Jordan benannt, geht fehl. Die vorherrschende Theorie besagt, die Bezeichnung sei durch die Verballhornung des Namens einer in den 1860ern hier ansässigen Holzfirma entstanden, die Jeremiah (»Jerry«) Rogers gehörte. Wer Jerry & Co ein paarmal laut ausspricht, wird der Hypothese etwas abgewinnen können. Das Unternehmen verschwand, und im späten 19. Jahrhundert befand sich hier Kanadas erster Golfplatz westlich von Ontario.

In den 1920ern beherrschte eine Wasserflugzeugstation den Strand und war gegen Schmuggler im Einsatz, kontrollierte die Wälder, transportierte Güter an entlegene Orte und hatte ein Auge auf die Überfischung durch die USA. 1924 übernahm die Royal Canadian Airforce (RCAF) die Station; bald stellte die Base Jericho das größte militärische Trainingslager Westkanadas dar.

Übrig sind von der Base heute nur das Sailing Centre, das Arts Centre und das Youth Hostel. Die Jugendherberge, ehemals die Baracke der niederen Ränge, bereicherte am 15. Oktober 1970 die Kulturgeschichte als Schauplatz des »Battle of Jericho«. Hunderte von Hippies besetzten den Ort und ließen sich nicht rausschmeißen. Also schickte die Stadt die Polizei – eine Menge Polizei. Zeitungsberichten zufolge waren 250 Mann von der Bereitschaftspolizei, 150 RCMP-Beamte, neun Mann mit Motorrad und acht von der Militärpolizei vor Ort. Beim dreistündigen Gerangel gab es auch Gastauftritte von Hare-Krishna-Jüngern sowie Mitgliedern der Jesus People's Army und der Vancouver Liberation Front. Die Presse berichtete, »Marihuanaschwaden« hätten »in der Luft gehangen«. Manche Dinge ändern sich nie.

Adresse 3941 Point Grey Road, Vancouver, BC V6R 1B5 | **Anfahrt** mit dem Auto, gebührenpflichtige Parkplätze: Jericho Sailing Centre oder Jericho Parking Lot | **Öffnungszeiten** täglich 6–22 Uhr | **Tipp** Der Pub im ersten Stock des Sailing Centre ist einer der besten Orte, um im Sommer einen sagenhaften Sonnenuntergang am Burrard Inlet zu erwischen. Mitte Juli lässt sich der Geist der Hippies beim Vancouver Folk Festival im Jericho Beach Park wiederbeleben (www.thefestival.bc.ca).

57 Der Kitsilano Pool
Schwimmbecken mit Geschichte

Gut möglich, dass dieser Außen-Salzwasserpool die größte architektonische Einzelleistung Vancouvers darstellt. Er ist schön anzusehen und bietet atemberaubende Blicke auf die Berge jenseits der English Bay und auf die Skyline von Vancouver – der perfekte Ort, um einen sonnigen Nachmittag zu verbringen.

Die 1931 für die damals horrende Summe von 50.000 Dollar gebaute Anlage entstammte den Arbeitsbeschaffungsmaßnahmen während der Großen Depression, um die Viertelmillion Einwohner des noch jungen Vancouver in Lohn und Brot zu bringen. Das Projekt war auf Anhieb ein Riesenerfolg – und ist dies bis heute. Der Strand war 1905, als die Straßenbahnlinie den Betrieb aufnahm, nach dem Squamish-Häuptling August Jack Khatsahlano benannt worden.

Abgesehen von seinen ästhetischen Vorzügen prunkt der Pool auch mit technischen Daten: Die Schwimmbahnen messen 137 Meter; das ist fast dreimal länger als ein olympisches Becken. Den gesamten Pool füllen über eine Million Liter frischen Meereswassers; als einziger Salzwasserpool in Vancouver ist er geheizt.

Aber das ist erst die halbe Geschichte. Geht man noch weiter in der Zeit zurück, entdeckt man, dass dieser schöne Streifen Strand einst Greer's Beach hieß, Teil eines 80 Hektar großen Stück Lands, das 1884 für 200 Dollar von einem gewissen Sam Greer erworben wurde – 16 Monate vor der offiziellen Stadtgründung. Greers Grundstück verlief vom Wasser bis zur 4th Avenue und etwa von der Balsam Street bis zur Chestnut Street. Wäre es ihm gelungen, das Land zu behalten, säßen seine Nachfahren heute auf Grundbesitz im Wert von Hunderten Millionen. Es wurde jedoch 1885 der Canadian Pacific Railway zugeschlagen. Als irischstämmiger Veteran des US-Bürgerkriegs nahm der alte Recke das nicht einfach so hin. Als er vom Grundstück gejagt werden sollte, griff er eine Schrotflinte und feuerte durch die Tür des Gehöfts. Sheriff und Stellvertreter überlebten; räumen musste Greer dann doch.

Adresse 2305 Cornwall Avenue, Vancouver, BC V6K 1B7, Tel. +1 (604)731-0011, www.vancouver.ca/parks-recreation-culture/kitsilano-pool.aspx | **Anfahrt** mit dem Auto, gebührenpflichtiges Parken in der Nähe | **Öffnungszeiten** saisonale Öffnungszeiten auf der Website | **Tipp** Das Boathouse Restaurant bietet frische und nachhaltig gefangene Meeresfrüchte und dazu einen der besten Sonnenuntergänge mit Blick auf die Stadt (1305 Arbutus Street, Vancouver, BC V6J 5N2, www.boathouserestaurants.ca).

58 Das Labyrinth von St. Paul's
Pfad zum Frieden

Tom Cochranes Hit sah das Leben als »Highway«, und Paul McCartney dichtete von der »langen, gewundenen Straße, die zu deiner Tür führt«. Tausende Jahre bevor auch nur einer der beiden diese Gedanken zu Musik machte, schufen Menschen auf dem Boden Labyrinthe, um ihre Beziehung zum Leben, zur Natur und zur Welt zu erkunden. In Vancouver können jene, die auf den Spuren der vielen Drehungen und Wendungen des Lebens wandeln möchten, auf dem Labyrinth, das sich auf dem Grund der St. Paul's Anglican Church befindet, dem Pfad der Erleuchtung folgen.

Das Labyrinth, das erste seiner Art in Kanada, ist eine 13 Meter lange Replik des mittelalterlichen Labyrinths in der Kathedrale von Chartres, jener gotischen Kathedrale südlich von Paris. Während das Original 1201 entstand, wurde die Nachahmung 1997 auf den Holzboden einer Basketballhalle gemalt. Mit etwa zwölf Meter Durchmesser wirkt das Muster klein und kompakt, verläuft jedoch von Anfang bis Ende über einen halben Kilometer. Im Zentrum befindet sich ein sechsblättriges Rosenmotiv. Die schuhlosen Seelen, die das Labyrinth begehen, können hier verschnaufen und ihren Weg überdenken. Das Labyrinth soll auf Basis heiliger Geometrie angelegt worden sein; der 13-zackige Stern unterhalb, so heißt es, sichere Balance und Akkuratesse der Kurven, Abstände und Proportionen.

Wer dem Pfad folgt, dem geht auf, dass das Leben tatsächlich eine Art Highway darstellt. Manchmal scheint es, als bewegten wir uns im Kreis, manchmal scheinen wir uns weit von unserem Ziel entfernt zu haben, manchmal sind wir ein wenig desorientiert. Man kann die symbolische Reise allein unternehmen, Schritt für Schritt. Geht man jedoch, wenn auch andere da sind, fügt dies eine interessante Dimension hinzu. Zuweilen befinden wir uns alle auf demselben Weg, dann jedoch scheinen wir wieder in verschiedene Richtungen zu streben.

Adresse 1140 Jervis Street, Vancouver, BC V6E 2C7, Tel. +1 (604)685-6832, www.stpaulsanglican.bc.ca, info.labyrinth@stpaulsanglican.bc.ca | **Anfahrt** mit dem Auto, kostenloses Parken begrenzt in der Nähe möglich, kostenpflichtiges Parken bei »Advance Parking«, 1237 Davie Street | **Öffnungszeiten** Di–Fr 8.30–21.30 Uhr, Sa 10–12 Uhr, So 9.30–12.30 Uhr, am zweiten und letzten Freitag des Monats 19–21 Uhr | **Tipp** Wussten Sie, dass sich der längste ununterbrochene Küstenweg der Welt in Vancouver befindet? Der Seawall Path erstreckt sich über 28 Kilometer von den Spanish Banks bis zum Convention Centre (www.vancouver.ca/parks-recreation-culture/seawall.aspx).

59 Der Larry Berg Flight Path Park
Planespotting

Solange Flugzeuge über Köpfe hinwegdröhnen, werden die Sterblichen am Boden versuchen, einen Blick auf sie zu erhaschen. Nahe den meisten größeren Flughäfen rund um die Welt dienen Parkplätze, Nebenstraßen oder leer stehende Grundstücke als willkommener Zuschauerrang, von dem aus beobachtet wird, wie Airliner sich in die Lüfte erheben. Vancouver geht das Ganze kreativ an, um Einheimischen wie Besuchern die Beobachtung der glorreichen Flugmaschinen am Himmel zu ermöglichen. Der Larry Berg Flight Path Park liegt direkt in der Mitte der Einflugschneise.

Wie die Flieger aus der Nähe aussehen, braucht man sich hier nicht mühsam vorzustellen; die Grünanlage grenzt direkt an die Rollbahn, genauer: an den Sicherheitszaun. Ebenso wenig braucht man seine Phantasie zu bemühen, um die Jets zu hören, denn sie lärmen unmittelbar über die Köpfe hinweg. Vom Standpunkt im Park aus kann man sich vorstellen, wie die Piloten in den Flugzeugen den Kontrollturm anfunken wie im Kinoklassiker »Die unglaubliche Reise in einem verrückten Flugzeug« von 1980: »Habe ich Clearance, Clarence? Was ist mein Vektor, Victor? Roger, Roger.«

Was diesen Park noch besonderer macht: Man stellt sich nicht einfach vor, wohin die Maschinen fliegen. Man kann es direkt nachschauen, denn im Park gibt es dafür einen großen Betonglobus. Ohnehin kann man hier prima seine geografischen Kenntnisse aufbessern, ein Selfie machen oder den virtuellen Weltenbummler geben, während oben die Jets vorbeisausen. Schilder informieren über die Geschichte des Flughafens, international nach seinen Codebuchstaben YVR genannt. Viel gibt es auch über den Namensgeber des Parks Larry Berg zu erfahren: Seit ihrer Gründung 1992 war er Präsident und CEO der Flughafenbehörde und half, den YVR in einen der besten Airports der Welt zu verwandeln. Der Park wurde 2013 zu seinen Ehren eröffnet.

Adresse Ecke Russ Baker Way und Airport Road, Richmond, BC V7B 1C4, Tel. +1 (604)207-7077 | **Anfahrt** mit dem Auto, kostenfreies Parken vor dem Denkmal | **Öffnungszeiten** immer zugänglich | **Tipp** Direkt gegenüber auf der anderen Straßenseite befindet sich ein fast 4.000 Quadratmeter großer Glas-Hangar mit klarer Sicht auf einen pensionierten West-Jet-Airliner und ein halbes Dutzend kleinerer Flieger. Das moderne Gebäude bildet den Kern des British Columbia Institute of Technology Aerospace Program, bei dem Hunderte Studenten lernen, wie man die Himmelsstürmer fliegt und repariert (3800 Cessna Drive, Richmond, BC V7B 1C3).

60 Der Leg-In-Boot Square
Vermisse ein Bein

Es ist schon seltsam, den ständigen Fluss von Passanten, Joggern und Radfahrern zu beobachten, die am Leg-In-Boot Square vorbeiströmen und nicht entfernt ahnen, auf welch verstörende Anfänge der Name zurückgeht. Um fair zu sein: Den Platz übersieht man leicht, und er wirkt auch kein bisschen ominös. Im Gegenteil. Der Blick nach Norden auf die Strandpromenade, den Yachthafen und übers Wasser hinweg auf die moderne Architektur Yaletowns erfreut das Auge. Nichts erinnert mehr an jenen seltsamen Tag im Jahr 1887, als örtliche Polizisten hier ein am Strand angespültes, abgetrenntes Bein samt Stiefel fanden.

Heute würden ein Expertenteam zum Fundort geschickt, DNA-Proben entnommen und Datenbanken durchforstet werden. Damals jedoch hatten die Ordnungshüter keine Ahnung, was sie mit dem Körperteil anfangen sollten. In der unklimatisierten Amtsstube wollten sie das Bein ganz sicher nicht aufbewahren. Also hängten sie es draußen auf – vielleicht in der Hoffnung, der Eigentümer möge auftauchen und es zurückverlangen. Doch sie warteten vergebens. Niemand forderte das verwaiste Bein zurück, und wer sein Besitzer war, ist bis zum heutigen Tag ein Rätsel geblieben.

So etwas geschieht öfter, als man annehmen sollte. Über ein Dutzend Füße wurden in den letzten zehn Jahren an den Stränden British Columbias angeschwemmt. In allen Fällen wurde nur ein Fuß gefunden, der stets noch immer einen Schuh trug.

Dem menschlichen Verstand kommt das komisch vor. Kühle Forensiker jedoch klären darüber auf, dass Leichen, die im Wasser verwesen, am Hals oder an den Handgelenken auseinanderfallen und das Schuhwerk die Füße schützt und dafür sorgt, dass sie von den Ozeanwellen getragen werden. Dennoch muss man sich fragen, was den Besitzern jener Beine zugestoßen ist, die hier anlandeten. Gäbe es irgendwo auf der Welt einen »Missing A Leg Square« (»Vermisse-ein-Bein-Platz«), könnte das Rätsel gelöst werden.

Adresse Leg-In-Boot Square, Vancouver, BC V5Z 4B5 | Anfahrt mit dem Auto, zwei Stunden Parken in der Moberly Road möglich; Wassertaxi bis Stamp's Landing Ferry Dock | Öffnungszeiten immer zugänglich | Tipp Branas Mediterranean Grill liegt nur einen kurzen Fußweg entfernt. Hier kann man gut am Strand relaxen (617 Stamps Landing, Vancouver, BC V5Z 3Z1, www.branasgrill.ca).

61 Der letzte Ball
Aufstieg und Fall der Mighty Grizz

Ebenso wie die jetzt nicht mehr bestehenden NBA Vancouver Grizzlies ist dieses besondere Relikt unterbewertet, ein fast verlorenes Juwel. Heute ist es in der BC Sports Hall of Fame untergebracht, einer 1.500 Quadratmeter großen Anlage, die mit 27.000 Artefakten über alle Dinge, Menschen und Teams informiert, die mit dem Profi- und dem Amateursport in British Columbia zu tun haben. Hier geht es um eines dieser Artefakte: einen einzelnen Basketball.

Schwer zu glauben, dass dieselbe Stadt, die von 1995 bis 2001 begeistert die Sportmarke NBA unterstützte, eine Hall of Fame unterhält, in der heute nur noch ein einziger mickriger Basketball übrig ist. Es handelt sich um jenen Ball, der während des letzten Spiels der ersten Grizzlies-Saison im Einsatz war, signiert von einigen Spielern und Trainern. Leider liegt der Ball heute, wie die ewigen Schlusslichter Mighty Grizz, auf dem untersten Regal einer Vitrine.

Das übrige Museum bietet ein große Zahl Highlights, darunter Galerien, die sich den Vancouver Canucks und den BC Lions widmen. Darüber hinaus werden Exponate zu Ehren der kanadischen Heroen Terry Fox und Rick Hansen gezeigt. Mit am tollsten ist der Tribut an den Formel-1-Fahrer Greg Moore. Sein Flitzer parkt in der Halle, und die Wände sind vollgepackt mit Renn-Devotionalien. Verpassen Sie nicht die Ausstellung zu den Winterspielen 2010 sowie die interaktiven Attraktionen.

Warum war für die Grizzlies keine größere Würdigung drin? Weil sie unpopulär gewesen wären? Nein, sie wurden von allen geliebt und garantierten jahrelang Unterhaltung vom Feinsten, großartige Athletik und Nervenkitzel auf dem Hartholzboden. Die Arena GM Place war stets brechend voll. Das Problem bestand darin, dass sich während der sechs Saisons, die sie in Vancouver spielten, die Spielergehälter verdoppelten, der kanadische Dollar jedoch von 90 auf 64 US-Cent abstürzte. Ähnlich wie die »Beverly Hillbillies« aus der TV-Serie, »packten sie den Truck und zogen nach Tennessee«.

Adresse Gate A, BC Place, 777 Pacific Boulevard, Vancouver, BC V6B 4Y8, Tel. +1 (604)687-5520, https://bcsportshall.com | **Anfahrt** SkyTrain bis Stadium-Chinatown (Expo Line); Fähre bis Station Plaza of Nations | **Öffnungszeiten** täglich 10–17 Uhr | **Tipp** Nicht weit von der Hall of Fame ist die Robert Lee YMCA mit einer Backsteinfassade von 1941 und großzügigen Öffnungszeiten der Sporthalle für spontane Spiele (995 Burrard Street, Vancouver, BC V6Z 1Y2).

62 Die Lions Gate Bridge Lights
Abends strahlt Gracies Kette

Vancouvers Gegenstück zu San Franciscos Golden Gate Bridge ist die Lions Gate Bridge. Die an Folklore und Geschichte reiche Brücke wurde 1939 fertiggestellt und von der Bier-Familie Guinness finanziert. Die dreispurige Hängebrücke kostete sechs Millionen Dollar. Primär investierte die Familie in das Bauwerk, weil sie 1932 am North Shore 1.600 Hektar Land für 18,75 Dollar pro Acre erworben hatte. Die neue Brücke verband die endlose Wildnis mit der jungen Stadt Vancouver, trieb so die Erschließung unberührter Landschaften voran und den Wert des Landes in die Höhe. 1962 verkaufte die Familie die Brücke an die Provinz British Columbia. Ihr Engagement endete hier jedoch nicht – dank der Weltausstellung, einer gewitzten Lokalpolitikerin und ihrer Vorliebe für Halsketten aus Klunkern.

1986 fand besagte Expo in Vancouver statt. Eine Reihe von Verschönerungsmaßnahmen ging ihr voraus. Die hochrangige Ministerin, die die Messe nach British Columbia brachte, hieß Grace McCarthy. Wenn man die Welt in die Stadt einlud, so erkannte sie, dann musste das neue Wahrzeichen, die Brücke, auch strahlen. Die Beleuchtung war nämlich mangelhaft, und nachts war die Brücke kaum zu sehen. McCarthy organisierte eine Spende der Familie Guinness, um Lichterketten zu finanzieren, die an den vorhandenen Drahtseilen angebracht wurden und 22 Millionen Besuchern, die nach Vancouver strömten, Glanz und Gloria der Brücke nahebrachten. Die Lichter – nach McCarthys Faible »Gracies Kette« genannt – leuchteten am 19. Februar 1986 zum ersten Mal auf und tun dies seither jeden Abend.

Um das nächste Großevent vorzubereiten, bei dem Vancouver Gastgeber war – die Winterspiele 2010 –, und um Energiekosten zu senken, wurde die Originalbeleuchtung 2009 durch Quecksilberdampflampen mit 100 Watt ausgetauscht. Grace McCarthy starb 2017 im Alter von 89 Jahren.

Adresse zwischen Stanley Park Causeway in Vancouver und Marine Drive in North Vancouver, www.th.gov.bc.ca/ATIS/lgcws/index.html | **Anfahrt** mit dem Auto, nächste öffentliche Parkgelegenheit bei Prospect Point | **Öffnungszeiten** immer zu sehen | **Tipp** Auf der Seite zum Stanley Park hin thronen zwei majestätische Löwen und bewachen den Zugang zur Brücke. Diese imposanten Beton-Katzen sind das Werk des Bildhauers Charles Marega. Manchmal werden sie zu speziellen Gelegenheiten und an Feiertagen verkleidet.

63 Der Living Roof
Es grünt so grün

Vancouver möchte die grünste Stadt der Welt werden, und nirgends ist dieser Anspruch offensichtlicher als auf dem Dach der Milliardeninvestition Convention Centre. Das 24.000 Quadratmeter große Dach auf dem massiven Bau am Ufer ist das größte seiner Art in Kanada. Hier gedeihen über 400.000 einheimische Pflanzen aus British Columbia, die im Winter als Wärmedämmung dienen und im Sommer die Hitze mildern. Das Dach gilt als prominentestes Beispiel für das langjährige Umweltengagement der Stadt. Zugleich ist es das größte nicht industrielle lebende Dach Nordamerikas.

Weitere Öko-Raffinessen des Gebäudes umfassen ein Seewasserheizungs- und -kühlsystem sowie eine eigene Wasseraufbereitungsanlage. Ein Fischhabitat wurde in die Unterwasser-Fundamente integriert, um den historischen Lachswanderweg nicht zu stören. Vier Bienenstaaten leben auf dem Dach und versorgen eines der Restaurants im Gebäude mit Honig. Holz aus British Columbia wurde im gesamten Komplex zur Einrichtung des noblen Interieurs verwendet.

Zahllose Preise hat das Convention Centre in der Kategorie Nachhaltigkeit gewonnen. 2010 war es während der Winterspiele als internationales Sendezentrum im Einsatz, heute hostet es 500 Events im Jahr. Trotz des vollen Terminkalenders findet man noch immer die Zeit, auf dem Dach zu gärtnern und es zu wässern. Natürlich wird dazu das Abwasser des Gebäudes aufbereitet und verwendet.

Unterhalb befindet sich ein 5.000 Quadratmeter großer Ballsaal mit atemberaubenden Blicken auf den Hafen und die Berge. Wer vermutet, das grüne Dach instand zu halten, sei harte Arbeit, der liegt richtig. Das ist aber nichts dagegen, die 17 Meter hohen Fenster im Festsaal zu putzen. Dazu werden übrigens nur Green-Seal- und EcoLogo-Reinigungsprodukte verwendet. Dies war auch das erste Kongresszentrum der Welt mit dem Double-LEED-Platinum-Nachhaltigkeitszertifikat. Ach ja: Rauchen ist natürlich auf dem gesamten Gelände verboten.

Adresse Vancouver Convention Centre, West Building, 1055 Canada Place, Vancouver, BC V6C 0C3, www.vancouverconventioncentre.com | Anfahrt mit dem Auto, gebührenpflichtiges Parken in der Nähe oder im Centre | Öffnungszeiten Führungen siehe Website | Tipp In Vancouver regnet es viel, woran uns die 20 Meter hohen Regentropfen-Skulpturen an der dem Wasser zugewandten Seite des Convention Centre erinnern. Das Kunstwerk wurde 2009 von einer deutschen Künstlergruppe namens Inges Idee installiert.

64 Die Long Table Distillery
Feines aus dem Kupferkessel

Inspiriert von der ungezähmten Westküsten-Wildnis British Columbias gründete der Einheimische Charles Tremewen im Jahr 2010 die Long Table Distillery. Seither widmen er und sein nur dreiköpfiges Team sich leidenschaftlich der besonderen Kunst des Destillierens kleiner Mengen von Spirituosen im Kupferbrennkessel.

Die einzigartige Mikro-Destille schmiegt sich in den Schatten der Granville Street Bridge in einer ebenso hippen wie alten Gegend mit Leichtindustrie, in der Hochhäuser mit Eigentumswohnungen wie Pilze aus dem Boden schießen. Wer eintritt, staunt sofort über das Herzstück des Verkostungsraums: ein über vier Meter langer Tisch, der aus einem Mammutbaum aus British Columbia geschnitzt wurde. Dahinter beginnt der Kern der Anlage: ein 1.140 Liter fassender Kupferkessel mit interessanten Ventilen, Rohren, runden Fenstern und Zapfhähnen. Liebend gern erklärt Charles, wie das alles funktioniert, und betont dabei die Bedeutsamkeit lokaler Zutaten, die in jeden handdestillierten Schwung Schnaps gehen. Die verwendeten Pflanzen werden von einem Expertennetzwerk Kräuterkundiger aus den Bergen handverlesen.

Ein solch gutes Geheimnis war schwer zu bewahren. Mittlerweile zieht die Kunde von der Destille an der schroffen Küste British Columbias mit ihren kristallklaren Gewässern und satten Alpinwiesen internationale Spirituosenkenner an. Seit der Eröffnung exportiert der kleine Laden das Gebrannte weltweit, zum Beispiel auch nach London.

Von Freitag bis Sonntag öffnet die Verkostungslounge zum Cocktail-Service. Auch ein begrenztes Snack-Büfett mit Charcuterie, Oliven und Nüssen gibt es. Eine Verkaufsabteilung bietet limitierte Auflagen ihrer Premium-Gins und saisonalen Brände an, darüber hinaus Bar-Utensilien wie Entsafter, Shaker, Gläser, Siebe, Garnierzubehör, Bitter, Tonics, Elixiere und Mixer. Abenteuerlustige probieren bitte unbedingt den Cucumber Gin (Gurken-Gin).

Adresse 1428 Granville Street, Vancouver, BC V6Z 1N2, Tel. +1 (604)266-0177, www.longtabledistillery.com, info@longtabledistillery.com | **Anfahrt** mit dem Auto, »Advanced Parking« in der Burrard Street 1380 | **Öffnungszeiten** siehe Website | **Tipp** Besichtigen Sie einen Block weiter Vancouver House, das neueste und ungewöhnlichste Apartmentgebäude der Stadt. Es ist das vierthöchste Gebäude in Vancouver. Manche meinen, es sehe aus wie ein unfertiges Lego-Projekt (1480 Howe Street, Vancouver, BC V6Z 1C4, www.vancouverhouse.ca).

65 Die Lord Byng High School
Hollywood des Nordens

Der festungsähnliche rote Ziegelbau aus den 1920ern wirkt wie der Inbegriff einer amerikanischen Highschool. Der mustergültige Grundpfeiler eines ruhigen, alleengesäumten Viertels wurde gebaut, um Jahrhunderte zu überdauern. Die klassizistische Architektur verströmt das Fluidum US-amerikanischer Kleinstädte. Seltsam nur: Die Schule steht in keinem der 50 Bundesstaaten.

Den Zuschauern der TV-Shows und Spielfilme, die an dieser Location gedreht wurden, kann das egal sein. Wahrnehmung ist Realität, und diese Schule ist die perfekte Illusion. Zuweilen wird Vancouver als »Hollywood des Nordens« bezeichnet. Die Stadt verfügt über eine robuste Filmindustrie – teils wegen ihren spektakulären Landschaftsbildes, teils wegen des billigen kanadischen Dollars, teils wegen der vielen Talente und teils wegen Sets wie dieser Schule.

Eine unvollständige Liste der Produktionen, die hier gedreht wurden, umfasst »Akte X«, »X-Men Origins«, »Pretty Little Liars«, »Eric hebt ab«, »Mr. Young«, »Masters of Horror«, »Hollow Man 2« und natürlich »Riverdale«, in dem das Gebäude Archies Schule doubelt.

Die Highschool nimmt den ganzen Block der 16th Street und der Crown Street ein und wurde nach Field Marshall Julian Hedworth George Byng benannt, der im Ersten Weltkrieg kämpfte und zum zwölften Governor General of Canada befördert wurde. Dass vor Ort Filme und Serien gedreht werden, wirkt sich sicherlich positiv auf die Schülerschaft aus; die Schule ist bekannt für ihre Kunst- und Medienkunst-Kurse. Im wahren Leben schmückt sich die Schule mit einigen bemerkenswerten Ehemaligen. Der beliebte Folk-/Indiemusiker Dan Mangan, der zwei Juno Awards gewann, gehört ebenso dazu wie Ross Rebagliati, der erste Mensch, der beim Snowboarden eine Goldmedaille gewann. Einer der Stars der CBS-Sitcom »How I Met Your Mother«, Cobie Smulders, drückte hier ebenfalls die Schulbank.

Adresse 3939 West 16th Avenue, Vancouver, BC V6R 3L9, Tel. +1 (604)713-8171, byng.vsb.bc.ca | **Anfahrt** mit dem Auto, Parken in der Straße möglich | **Öffnungszeiten** immer, nur von außen zu besichtigen | **Tipp** Cheapskates, Vancouvers ältester und bekanntester Secondhandladen für alles rund um Sport, liegt von der Schule aus geradewegs die Straße hinunter (3644 West 16th Avenue, Vancouver, BC V6R 3C4, www.cheapskatesvancouver.com).

66 Lotusland Electronics
Wie pures Gold

Man braucht keinen Fluxkompensator in seinen DeLorean einzubauen und auch nicht in der Zeit zurückzureisen, um ein Original-Stereosystem aus den 1970ern zu erwerben. Ein vollfrisierter Cadillac Eldorado, wie ihn Austin Powers in »Goldständer« als Zeitmaschine nutzt, ist ebenso unnötig. Jedes dieses Fahrzeuge wäre jedoch das perfekte Vehikel, um zu Lotusland Electronics zu kommen. Dies ist definitiv ein Ort mit authentischem Groove.

Der Inhaber Trent Stolearcius öffnete Lotusland 2006 und hat den Laden schnell zum Ort der Wahl gemacht für alle, die auf der Suche nach Stereo-Plattenspielern aus den 1970ern sind. Erzeugnisse von Firmen wie JVC, Sony oder Pioneer herrschen vor und warten darauf, wiederentdeckt zu werden. Sogar Ungewöhnliches wie der seltene vertikale Scheibendreher (wahrscheinlich mehr etwas fürs Auge als fürs Ohr) harrt neuen Entdeckern. Trent legt auch gern Qualitätsvinyl auf. Qualität ist bei Lotusland Electronics überhaupt *das* Schlüsselwort. 99 Prozent der gebrauchten Platten weist Trent nämlich zurück, verliest die begehrtesten Titel von Hand und wählt nur Vinyl aus, das noch in Top-Spielzustand ist. Nachdem er mit einer speziellen Säuberungsmaschine den Staub aus den Rillen gezogen hat, mag das, was man kauft, alt sein, aber es klingt wie pures Gold.

Der nahe der Almas Street und dem Broadway gelegene Laden ist ein willkommenes Mekka für audiophile Studenten der University of British Columbia und in die Jahre gekommene Hippies, die in den Vierteln West Point Grey und Kitsilano leben. Erhebliche Scharen junger und alter Hi-Fi-Freaks aus der ganzen Stadt strömen her, um die Regale mit vollrestaurierten Antik-Verstärkern, Lautsprechern und Plattenspielern zu durchstöbern.

Trent verkauft Old-School-Material in Old-School-Manier. Wer etwas Spezielles sucht, tanzt besser persönlich an oder bemüht das Telefon. Im Lotusland gibt es kein Internet.

Adresse 2660 Alma Street, Vancouver, BC V6R 3S2, Tel. +1 (604)733-0771 | **Anfahrt** mit dem Auto, gebührenpflichtiges sowie kostenfreies Parken in der Alma Street, kostenfreies Parken auch in der Gasse neben dem Laden | **Öffnungszeiten** Di–Fr 10–18 Uhr, Sa 10–17.30 Uhr | **Tipp** Wenn Vintage-Gitarren gewisse Saiten in Ihnen zum Klingen bringen, lohnt ein Besuch bei Rufus Guitars gegenüber (2621 Alma Street, Vancouver, BC V6R 3S1, www.rufusguitarshop.com).

67 Das Marine Building
Seegrün getönt, golden überhaucht

Als Vancouvers Bürgermeister Malkin 1929 mit einem herzhaften Pfiff durch eine goldene Pfeife den Baubeginn des Marine Building offiziell einläutete, hatten viele Einheimische noch nie etwas von Wolkenkratzern gehört, und nur wenige hatten jemals einen gesehen. Selbst die Architekten des Gebäudes hatten zuvor erst einen einzigen errichtet. Dennoch wurde eines der vorzüglichsten Beispiele für die Architektur des Art déco weltweit daraus. Man ließ sich von der marinen Geschichte der Stadt und der natürlichen Landschaft der Gegend inspirieren, und so wurde das Objekt mit dem Ziel entworfen, »einer großen Klippe« zu ähneln, »die aus der See aufragt, mit Flora und Fauna behangen, seegrün getönt und golden überhaucht«. Als die 21 Etagen, die 97 Meter in den Himmel ragten, im folgenden Jahr fertiggestellt waren, hatte man auf einmal das höchste Haus Vancouvers da stehen, ganz kurz auch das höchste Gebäude des British Empire. Rekordhalter in Vancouver blieb es bis 1967. Bei Baukosten von 2,3 Millionen Dollar war es zudem unverschämt teuer geraten. Der erste Eigentümer, der durch die Große Depression knapp bei Kasse war und sich finanziell übernommen hatte, verkaufte es, bevor die Farbe trocken war.

Bei einem Gang ums Exterieur lassen sich die Terrakottaplatten und Messingtüren bestaunen. Wer einen Blick ins imposante Foyer wirft, wird stilisierte Darstellungen diverser Technologien erkennen, die damals die Welt in rapiden Wandel versetzten, darunter Doppeldecker, Dampflokomotiven, Dampfschiffe und ein Zeppelin. Seesterne, Muscheln, Fische und Seepferdchen bilden einige der vielen marinen Motive, die ins Design integriert sind. Achten Sie auf die schräge Uhr im Foyer, die Fische und Krabben statt Ziffern zeigt.

Während die Kosten, die Höhe und die schnellen Aufzüge das Haus in den 1930ern berühmt machten, ist es der Baustil, der seinen Ruhm heute sichert. Mancher mag es als das »Daily Planet«-Gebäude aus der TV-Serie »Smallville« wiedererkennen oder als die Höhle namens »The Baxter Building« des Superhelden aus »Fantastic Four«.

Adresse 355 Burrard Street, Vancouver, BC V6C 0B2 | Anfahrt mit dem Auto, nächste gebührenpflichtige Parkgelegenheit: Metro Parking Lot No. 66 in der Burrard Street 401 | Öffnungszeiten Mo–Fr 8.30–17 Uhr | Tipp Gut zwei Kilometer weiter südlich in der Burrard Street steht ein weiteres Art-déco-Wunder Vancouvers in Gestalt der Burrard Bridge (Burrard Street, Vancouver, BC V5K 0A1, www.vancouverhistory.ca/archives_burrard.htm). Aufmerksame Beobachter bemerken die Porträts von Captain George Vancouver und Sir Harry Burrard, die die Piers flankieren. Die Feuerschalen an jedem Ende ehren die Soldaten des Ersten Weltkrieges.

68 Das Mauerbild
... am Maritime Museum

Jeder Einheimische ist schon an diesem Wandgemälde vorbeigekommen, aber wer weiß, wer darauf abgebildet ist? Captain Vancouver und ein paar Kumpels, richtig?

Tatsächlich stellt das Mauerbild von 1986, das als Teil der 100-Jahr-Feier entstand, 200 Jahre Seefahrergeschichte dar von den indigenen Ureinwohnern in ihren markanten Kanus über die frühen europäischen Eroberer George Vancouver, Cayetano Valdes und Dionisio Galiano bis hin zu jenen Schiffen, die jeder Einheimische kennen sollte: die »Plumber«, die »Beaver« und die »Empress of Japan«. Die Geschichte entfaltet sich von den alten Zeiten links bis ins moderne Zeitalter rechts. Die Kapitäne Vancouver, Valdes und Galiano dominieren die linke obere Hälfte des Gemäldes oberhalb der HMS »Discovery«. Rechts von Valdes und Galiano sind Darstellungen von deren Schiffen »Sutil« und »Mexicana« zu sehen. Unterhalb von Galiano präsentiert sich mit schwarzer Fliege Kapitän G. H. Richards mit seinen Schiffen, »The Plumber« und »The Beaver« (siehe Ort 95), zu seiner Rechten. Links vom Beamten der berittenen Polizei ist die »St. Roch« zu sehen (siehe Ort 96). Im Maritime Museum kann man sogar an Bord des echten Schiffes klettern. Über der »St. Roch« befindet sich eine Darstellung der drachenförmigen Galionsfigur des Handelsschiffes »Empress of Japan«, rechts davon die Schlepper »Ivanhoe« und »Master«.

Geschaffen hat das Wandbild der verstorbene Illustrator Frank Lewis, Graduierter der Vancouver School of Art (heute die Emily Carr University of Art and Design), ein Abkömmling jener Schiffer, Pelzhändler und Dolmetscher, die im 18. Jahrhundert nach Kanada kamen, um für die Hudson's Bay Company zu arbeiten, und sich mit Ehefrauen vom Stamm der Cree hier niederließen. Zu seinen anderen Werken zählen zwei Wandbilder in Chemainus, BC, einer Stadt mit nur 3.000 Einwohnern, die aber auf 40 Mauergemälde kommt. Nach 30 Jahren ist das Wandbild in einem schlechten Zustand und seine Zukunft ungewiss. Nutzen Sie die Zeit, die bleibt.

Adresse 1905 Ogden Avenue, Vancouver, BC V6J 1A3 | **Anfahrt** mit dem Auto, nächste gebührenpflichtige Parkgelegenheit in der Chestnut Street 900 | **Öffnungszeiten** immer zugänglich | **Tipp** Ein paar Schritte entfernt befindet sich der »Kwakwaka'wakw Centennial Totem Pole«, den Mungo Martin schnitzte und der seit 1954 im Hadden Park steht (1905 Ogden Avenue, Vancouver, BC V6J 1A3).

69 Die Menzies-Büste
Der Botaniker grüßt

George Vancouver höchstselbst erwählte ihn zum leitenden wissenschaftlichen Offizier an Bord seiner HMS »Discovery«. Die Seefahrer sind fünf Jahre unterwegs, um neue Welten zu erforschen, neues Leben und neue Zivilisationen, und dringen in Welten vor, die noch nie ein Mensch zuvor gesehen hat. Archibald Menzies (1754–1842) war der Botaniker, der den Part von »Spock« an der Seite von Captain »Kirk« Vancouver spielte, zumindest bis der Schiffschirurg starb und er den Part von »Pille« übernahm. Da Menzies Schotte war, hat Vancouver ihn aber vielleicht auch einfach »Scotty« genannt. In jedem Fall trug der Spezialist für Grünes entscheidend zum Erfolg der Mission der »Discovery« bei.

Seine Bronzebüste steht stumm zwischen den Farben und Düften des Rosengartens im VanDusen Botanical Garden und wartet darauf, entdeckt zu werden – zusammen mit Menzies' überwältigendem Vermächtnis. In einer viermonatigen Blitzaktion hatte er das Schiff im Nordwestpazifik mit mehr als 250 Landpflanzenarten vollgepackt.

Einige davon sind in der über 22 Hektar großen Parkanlage zu bestaunen, darunter zahlreiche Douglasien *(Pseudotsuga menziesii)*, die Roterle *(Alnus rubra)*, die Menzies in der Discovery Bay entdeckte, die Westamerikanische Hemlocktanne *(Tsuga heterophylla)*, die er am Desolation Sound fand, oder die Nootka-Zypresse *(Xanthocyparis nootkatensis)*, die er auf Nootka Island einsammelte.

Die Büste mit Seltenheitswert wurde vom einheimischen Künstler Jack Harman geschaffen. Sie gilt als weltweit einzige Büste von Archibald Menzies. Nahebei stehen zwei weitere Büsten Harmans: Carl von Linné (1707–1778), der schwedische Genius, auf den die wissenschaftliche Taxonomie zurückgeht, sowie der schottische Botaniker David Douglas (1799–1834), nach dem die gleichnamige Konifere benannt ist. In diesem Park lassen sich die Verflechtungen zwischen Kunst, Wissenschaft, Geschichte und Natur in seltener Unmittelbarkeit erspüren.

Adresse 5151 Oak Street, Vancouver, BC V6M 4H1, Tel. +1 (604)257-8335, www.vandusengarden.org | **Anfahrt** mit dem Auto, kostenlose Parkplätze in der 37th Avenue | **Öffnungszeiten** saisonale Öffnungszeiten auf der Website | **Tipp** Das Shaughnessy Restaurant im VanDusen Garden (5251 Oak Street, Vancouver, BC V6M 4H1, www.shaughnessyrestaurant.com) bietet eine großartige Brunch- und Lunchkarte sowie ein luftig lockeres Ambiente, in dem man den Tag im Botanischen Garten schön ausklingen lassen kann.

70 _ Die Monster-Störe
Dem Aussterben entronnen

Sie sind gewaltig, sehen prähistorisch aus und nennen Vancouver ihr Zuhause – zumindest den Fraser River. Wer einen fängt, braucht es seinen Freunden erst gar nicht zu erzählen – es sei denn, er hat ein Foto davon. Die Urviecher sind so riesig, dass einem eh niemand glauben würde. Der größte weiße Stör, der im Fraser River jemals gefangen wurde, wog stattliche 1.800 Pfund und war fünfeinhalb Meter lang. Ein bis zwei Meter messende Exemplare sind üblicher; die Fische können 200 Jahre alt werden.

Der Durchschnitts-Vancouveraner ahnt nichts von der Existenz dieser Pfundskerle und auch nicht davon, dass sie unter ihm herschwimmen, wenn er die Oak Street Bridge und die Knight Street Bridge überquert, oder dass sie über ihm durchs Wasser gleiten, wenn er durch den Massey Tunnel fährt. Dennoch sind sie überall, saugen durch ihre staubsaugerähnlichen Mäuler Beute ein und erfreuen sich daran, große Fische zu sein.

Störe sind Zeitgenossen der Dinosaurier. Ihr Erscheinungsbild hat sich seit über 175 Millionen Jahren nicht verändert. Dennoch kennt man sie hier kaum, vielleicht weil sie vor 50 Jahren fast ausgestorben wären. Ihr Rogen war als Kaviar begehrt, auch ihr Fleisch wurde weltweit verkauft. Die Überfischung führte zu gefährlich niedrigen Bestandszahlen des lebenden Fossils. Dank der Bemühungen der Fraser River Sturgeon Conservation Society und einem Fang- und Freilassungsprogramm fühlen sich die Störe im schlammigen Fraser River wieder ganz zu Hause. Hier bilden sie die Spitze der Nahrungskette, der Mensch ist ihr einziger Fressfeind.

Der beste Ort für ein Selfie mit Stör ist das Vancouver Aquarium. Unter den 300 anderen Fischarten sind sie jedoch in dieser Weltklasse-Einrichtung nicht so leicht auszumachen. Suchen Sie im Erdgeschoss nach »Treasures of the BC Coast«, wo mehrere mittelgroße Störe herumschwimmen. Zwei weitere leben im Kellergeschoss im Becken »Pacific Canada Strait of Georgia«.

Adresse 845 Avison Way, Vancouver, BC V6G 3E2, Tel. +1 (604)659-3474, www.vanaqua.org, visitorexperience@ocean.org | **Anfahrt** mit dem Auto, Parken am Aquarium möglich | **Öffnungszeiten** täglich 10–17 Uhr | **Tipp** Laufen Sie nach Nordosten zum Seawall und bestaunen Sie Elek Imreds Skulptur »Girl in a Wetsuit« von 1972, heute eines der Kult-Kunstwerke Vancouvers (2743 Stanley Park Drive, Vancouver, BC V6G 3E2).

71 Das Museum of Anthropology
Schatztruhe für die Sinne

Bekannt wurde das Museum of Anthropology (MOA) für seine Sammlung von Kunst der indigenen Völker an der Nordwestküste. Aber auch sonst ist es eine wahre Schatztruhe der Sinne und internationaler kultureller Artefakte. Wer herkommt, weiß, dass er richtig ist, sobald er die Totempfähle und mythischen Gestalten erblickt.

Bevor man jedoch hineinstürmt, sollte man noch einmal zurücktreten, um das Gebäude zu würdigen. Es ist über 40 Jahre alt, doch das Design des Architekten Arthur Erickson wirkt bemerkenswert modern und frisch, obwohl es vom Fachwerkstil der Nordwestküsten-Ureinwohner inspiriert ist. Eingebettet in die natürliche Küstenbelaubung und mit spiegelndem, ruhigem Teich ausgestattet, reflektiert das Gebäude die Vergangenheit äußerlich genauso wie innerlich. Eine wenig bekannte Eigenart des Designs besteht darin, dass das Haus auf einer alten Militäranlage errichtet wurde. Wer sich an diesem stillen, friedvollen Ort umschaut, vermag sich kaum vorzustellen, dass dies einst die am schwersten bewaffnete von fünf Artilleriefestungen gewesen ist, die 1939 errichtet wurden, um während des Zweiten Weltkriegs den Hafen Vancouvers zu schützen. Ihre drei Kanonen hatten genug Reichweite, um bequem über die English Bay hinwegzuschießen.

Im Museum findet man die Betonüberreste von Kanone Nummer zwei, heute steht dort die symbolstarke Skulptur »Raven and the First Men« von Bill Reid. An diesem imposanten Werk, das aus einem Viereinhalbtonnenblock laminierter Zeder besteht, arbeitete er zwei Jahre. Das Kunstwerk stellt die Ursprünge des Menschen nach der Haida-Legende dar. Enthüllt wurde es 1980 von Prince Charles, viele Kanadier sahen es jedoch erst 2004 zum ersten Mal auf der 20-Dollar-Note.

Das Museum beherbergt 50.000 ethnografische Objekte aus Asien, Amerika, dem Südpazifik, Afrika und Europa, weshalb man es wohl mehr als einmal besuchen wird.

Adresse 6393 Northwest Marine Drive, Vancouver, BC V6T 1Z2, Tel. +1 (604)822-5087, www.moa.ubc.ca, info@moa.ubc.ca | **Anfahrt** mit dem Auto, gebührenpflichtiges Parken auf dem Museumsparkplatz | **Öffnungszeiten** Fr–Mi 10–17 Uhr, Do 10–21 Uhr, vom 15. Oktober bis 15. Mai montags geschlossen | **Tipp** Koerner's Pub liegt direkt um die Ecke. Hier löschen Anthropologen und andere Gelehrte ihren Durst (6371 Crescent Road, Vancouver, BC V6T 1Z2, www.koerners.ca).

72 Die Mushroom Studios
Schiff voller Träume

Was ist ein Plattenstudio, wenn nicht ein Schiff voller Träume? Haben es sich die fünf Mitglieder der Band Heart 1975 träumen lassen, dass ihre in Vancouver aufgenommenen Hits »Dreamboat Annie«, »Crazy on You« oder »Magic Man« sie einst berühmt machen würden? Als die Truppe ihr Debütalbum hier aufnahm – hat sie da gewagt, davon zu träumen, eines Tages in die Rock and Roll Hall of Fame aufgenommen zu werden? Unmöglich zu sagen. Sicher aber sind viele Träume – und sicher auch einiger Kummer und Herzschmerz – mit diesem unscheinbaren Geburtsort diverser Meilensteine der Rock-Geschichte verbunden.

Kurz nach Eröffnung 1966 zog das Studio eine größere Zahl talentierter Musiker an. Diana Ross & The Supremes gehörten zu den Ersten, die hier Songs einspielten. Die dynamischen Damen aus Detroit waren da, um einen einwöchigen Gig in The Cave Club zu spielen und brauchten dringend etwas, um ihren jüngsten Gastauftritt in der angesagten 1960er-TV-Show »Tarzan« zu garnieren. Robert Plant war ebenso einer der Ersten, die das Studio in den späten 1960ern nutzten, um ein paar Harmonika-Spuren für »Bring It on Home« aufzunehmen. 1973 nahm der Aufstieg des Studios mit Terry Jacks »Seasons in the Sun« Fahrt auf. Im selben Jahr entstand hier die Coverversion von »Apache« der Incredible Bongo Band – ein im Hip-Hop derart einflussreicher Track, dass er die Dokumentation »Sample This« inspirierte. Es folgten kanadische Kult-Künstler wie Bachman Turner Overdrive, Trooper schlug hier einen »Höllen«-Krach, und Loverboy entschied, dies sei der richtige Ort, um sich »gehen zu lassen«. Später begannen 54-40, Carly Rae Jepsen, Sarah McLachlan und Spirit of the West hier ihren Weg zum Ruhm.

In seinem bunten Leben hatte das Studio so einige Namen und Inhaber. Heute sitzt hier Afterlife Studios, ein Ort, an dem man noch immer ganz altmodisch analog aufnehmen kann. Wie auch immer das Studio heißt: Es ist noch immer ein Schiff voller Träume.

Adresse 1234 West 6th Avenue, Vancouver, BC V6H 1A5, www.afterlifestudiosvancouver.com/history | **Anfahrt** mit dem Auto, Parkmöglichkeit in der Alder Street | **Öffnungszeiten** immer, nur von außen zu besichtigen | **Tipp** Wenn Musik und Geschichte zu Ihren Leidenschaften zählen, sehen Sie sich The Warehouse an, ein Aufnahmestudio, das Bryan Adams in einer restaurierten Lagerhalle aus dem Jahr 1886 in Gastown schuf (100 Powell Street, Vancouver, BC V6A 1G1, www.warehousestudio.com).

73 Das Naam
Love, Peace und Gemüse

Während des Summer of Love 1967 und der psychedelischen Jahre, die folgten, war die groovige Straßenzeile der West 4th Avenue ein berühmter Hippie-Hangout, zu dem Touristen aus ganz Kanada strömten, um die verrückten Langhaarigen abzulichten. Damals nannte sich die 4th Avenue »Rainbow Road«. Ihr Epizentrum war ein kleines Restaurant mit Naturkostladen.

Die Gegenkultur, die Mitte der 1960er an der Kreuzung der Haight Street mit der Ashbury Street geboren wurde, hatte sich in Vancouver bis zur 4th Avenue und zur McDonald Street vorgearbeitet. Nur eine Handvoll Läden aus dieser Zeit sind noch in Betrieb, darunter das berühmte Naam Restaurant. Es wurde 1968 eröffnet und ist Vancouvers ältestes Naturkost-Restaurant. Zeitweilig wurde es von einer lockeren, idealistischen Kooperative geleitet. Die über 50 Jahre alten Vibes der Bohème, überschäumend vor Love, Peace und Musik, sind hier noch ganz vital. Der Name »Naam« hat dabei nichts mit dem kriegsgebeutelten asiatischen Land zu tun, das damals viele Proteste befeuerte. Manche Sit-ins oder Demos mögen aber sehr wohl hier geplant worden sein, denn dies war ein Treffpunkt von Anti-Kriegs-Aktivisten und Umweltschützern einschließlich der frühen Mitglieder von Greenpeace. *Naam* ist Sanskrit und bedeutet »Name« wie in »in Gottes Namen«.

Der Esstempel ist noch immer auf köstliche vegetarische und vegane Gerichte spezialisiert – probieren Sie die fabelhafte Dragon Rice Bowl. Auch die Atmosphäre könnte direkt einem Poster der Grateful Dead entstammen. Die Kost ist gesund und reichlich; oft drängeln sich hier Warteschlangen. An den meisten Abenden wird auch Livemusik gespielt. Im Sommer lockt die hübsche Terrasse, im Winter ein gemütlicher Kamin. Für die Frühaufsteher unter den Hippies: Von sechs bis halb zwölf serviert das Naam ein leckeres Frühstück. Wie in allen heutigen Restaurants gilt striktes Rauchverbot. Am Joint zieht man also besser vorher.

Adresse 2724 West 4th Avenue, Vancouver, BC 6K 1R1, Tel. +1 (604)738-7151, www.thenaam.com, info@thenaam.com | **Anfahrt** mit dem Auto, gebührenpflichtiges Parken in der 4th Avenue | **Öffnungszeiten** 24 Stunden am Tag geöffnet | **Tipp** Kanada hat kürzlich den Konsum von Marihuana legalisiert. Der erste Laden in Vancouver, der die Lizenz des Provincial Government zum Verkauf von Marihuana erhalten hat, Evergreen Cannabis Society, liegt direkt die Straße hinunter (2868 West 4th Avenue, Vancouver, BC V6K 1R2, www.evergreencannabissociety.com).

74 _ Das Nat Bailey Stadium
Eines der Letzten seiner Art

Das Nat Bailey Stadium verdankt einen Großteil seines Charmes der Tatsache, dass es so normal ist. In unserer Hightech-Welt, in der jede Sportarena mit kolossalen Ausmaßen, gigantischen Zuschauerkapazitäten, Riesenbeschilderung und bequemen Sitzplätzen um Aufmerksamkeit buhlt, sticht das Nat als eines der letzten authentischen Sportstadien der guten alten Zeit heraus. Man schnappe sich ein Bier, futtere einen Hotdog und schaue sich ein Baseballspiel an in einer Atmosphäre wie anno 1951, als dieses Freiluft-Stadion gebaut wurde.

Über ihre schnörkellose Aura hinaus stellt die Arena ein Stück lebendige Sportgeschichte dar. Die historische Spielstätte wurde ursprünglich als Heimstadion der Vancouver Capilanos gebaut und war auch nach ihnen benannt. Als die Capilanos den Oakland Oaks wichen, die Oaks den Vancouver Mounties und die Mounties wiederum den Vancouver Canadians, wurde der Name immer irreführender, weshalb man den Ort 1978 umbenannte – nach Mr Nathaniel »Nat« Bailey, einem der größten Baseball-Fans Vancouvers.

Obwohl Baseball seine Leidenschaft war, ist Nat Bailey bei den Einheimischen bekannter als der Begründer und Eigentümer des Restaurant-Franchise White Spot. Die Verbindung von Baseball und Fast Food ist unauflöslich und begann in den 1920ern, als der junge, in den USA geborene Unternehmer aus einem umgebauten 1918 Model T-Lkw Erdnüsse, Hotdogs und Eiscreme an die Fans lokaler Baseballspiele verkaufte.

Es gibt auch eine wenig bekannte Connection des Stadions zur Baseballgeschichte Seattles: Ein Teil des Nat Bailey Stadium ist aus recycelten Stücken des Sick's Stadium in Seattle gebaut, das 1939 errichtet und nach Emil Sick benannt worden war, dem Inhaber der Brauerei Rainier Brewing Company. Als die Spielstätte 1979 abgerissen wurde, kaufte der Eigentümer der Vancouver Canadians, Harry Ornest, Teile des Stadions im Wert von 60.000 Dollar auf und ließ sie nach Norden verschiffen.

Adresse 4601 Ontario Street, Vancouver, BC V5V 3H4, www.milb.com | **Anfahrt** mit dem Fahrrad über den Ontario Street Greenway; mit dem Auto, gebührenpflichtiges Parken an Spieltagen im Park möglich | **Öffnungszeiten** saisonale Öffnungszeiten und Events auf der Website | **Tipp** Das Curling-Stadion der Olympischen Winterspiele und Paralympics 2010 und die Heimarena des Vancouver Curling Club liegt nur einen kurzen Fußweg entfernt (4575 Clancy Loranger Way, Vancouver, BC V5Y 2M4, www.vancurl.com).

75 — Neptoon Records
Symphonie in Sattschwarz

Menschen eines gewissen Alters mögen sich noch an jene glorreichen Zeiten erinnern, als Musik auf Plastikmasse abgespielt wurde, die man zu einer flachen Scheibe gepresst und mit rund laufenden Rillen versehen hatte. Mit Hilfe einer Nadel mit Diamantenspitze, die in unterschiedlichen Geschwindigkeiten jene Rillen abtastete, übersetzten sich Vibrationen in Melodien. Diese Schallplatten wurden in attraktiven Kartonhüllen verkauft – Albumcovern –, die teils ebenso Kultstatus besaßen wie die Klänge darin. Wer vergisst schon den Reißverschluss auf dem Rolling-Stones-Klassiker »Sticky Fingers«, das magische Prisma auf Pink Floyds »Dark Side of the Moon« oder die niedrig hängenden Bällchen auf Fleetwood Macs »Rumours«?

Bei wem dies Nostalgie heraufbeschwört oder Neugier auf mehr weckt, der sollte Neptoon Records erkunden. Es ist nicht nur Vancouvers ältester unabhängiger Plattenladen, sondern er wird noch immer vom gleichen Inhaber betrieben. Rob Frith eröffnete den Laden 1981, seither sind Vinylplatten mehrere Male an- und abgesagt gewesen. Heute hilft ihm Sohn Ben. Der Laden ist ein Mekka für Audiophile aller Art. Es werden zwar auch CDs verkauft, doch das sattschwarze Vinyl ist die Hauptattraktion. Kisten über Kisten mit Platten stehen zur Wahl, ganz wie früher, als es noch üblich war, die Platten Scheibe für Scheibe durchzublättern. Neptoon Records bietet nicht nur die größte Sammlung von gebrauchten und neuen Schallplatten der Stadt, sondern unterhält auch ein eigenes Label und produziert eigene Scheiben.

Mit etwas Scharfblick stößt man hier sogar auf so manchen Musikstar: Bo Diddley, Feist, Seth Rogen, Tom Waits, Marc Maron, selbst der lokale Medienkünstler Nardwuar the Human Serviette ist schon hier gewesen. Auch die Live-Performances, die Bands manchmal im Laden hinlegen, sind einen Besuch wert. Es heißt, daraus ergäben sich die besten Partys, die man seit Collegezeiten erlebt hat.

Adresse 3561 Main Street, Vancouver, BC V5V 3N4, Tel. +1 (604)324-1229, www.neptoon.com | **Anfahrt** mit dem Auto, gebührenpflichtiges Parken in der Main Street | **Öffnungszeiten** Mo–Sa 11–18.30 Uhr, So 12–17 Uhr | **Tipp** Wer für seine Singles eine Jukebox braucht, kann sie bei John's Jukes in Burnaby kaufen (3979 Marine Way, Unit 7, Burnaby, BC V5J 5E3, www.flippers.com).

76 Die Neun-Uhr-Kanone
Den Schuss gehört

Alles, was man tun muss, ist lauschen: Um exakt 21 Uhr wird man es hören, sofern man sich in Downtown aufhält. Jeden Abend seit über 100 Jahren donnert eine 1.500 Pfund schwere gusseiserne Artilleriekanone am Ufer des Stanley Park Seawall eine leere Salve Artilleriefeuer in die Luft und erzeugt damit ein tiefes Grollen – so laut, dass selbst die Möwen auf der Lions Gate Bridge zusammenzucken.

Vancouverianer verwechseln den markerschütternden Missklang oft mit einem fehlzündenden Auto oder Feuerwerkskörpern in Kinderhänden. Das Dröhnen entstammt jedoch einer Kanone, die 1807 in Woolwich, England, gebaut wurde.

1898 wurde sie vom Canadian Department of Marine and Fisheries an dieser Stelle aufgestellt. Sie überblickt Coal Harbour und sollte ursprünglich den Fischern sagen, wann es Zeit war, mit der Arbeit aufzuhören und die Netze einzuholen. Um die damalige Jahrhundertwende verließen sich Schiffe auf das Getöse, um ihre Uhren danach zu stellen. Auch die Einwohner des jungen Vancouver justierten die Zeiger ihrer stattlichen Großvater-Standuhren im Wohnzimmer, wenn die Kanone losging.

Eines Tages in den 1960ern schütteten Streichespieler Steine in die Mündung, die später am Abend quer über den Hafen hinweggeschossen wurden. Einer Esso-Tank-Barge, die 360 Meter vom Ufer entfernt lag, wurde ein »O« aus dem riesigen erleuchteten ESSO-Schriftzug gesprengt. Volltreffer! Im gleichen verrückten Jahrzehnt entführten Studenten der Ingenieurswissenschaften der University of British Columbia die »Nine O'Clock Gun« und erpressten die Stadt so, für das BC Children's Hospital zu spenden.

Heute steht das Prachtstück in einem schützenden Drahtkäfig, um zukünftige Kanonen-Kidnapper abzuschrecken. Um Abendspaziergänger am Seawall nicht gar so unvermittelt aufzuscheuchen, ist ein Rotlicht installiert worden, das vor dem unmittelbar bevorstehenden Schuss aufleuchtet und warnt.

Adresse 1981 Stanley Park Drive, Vancouver, BC V6G 3E2 | **Anfahrt** mit dem Auto, gebührenpflichtiges Parken neben den Totempfählen möglich | **Öffnungszeiten** immer zugänglich | **Tipp** In Vancouver gibt es eine Uhr, die noch berühmter ist als die Kanone. Es handelt sich um die altmodische Steam Clock in Gastown, die nicht weit von der Kanone entfernt steht (305 Water Street, Vancouver, BC V6B 1B9). Warum nicht abends hingehen, auf den Knall warten und schauen, ob die beiden alten Uhren gleich gehen?

77 Das Ovaltine Café
Nostalgie in Neon

Wenn FBI-Agent Fox Mulder ein Stück Lemon Pie und eine Tasse Kaffee brauchte – wo ging er da hin? Natürlich ins Ovaltine Café. Es ist das genaue Ebenbild jener Orte, die man in Noir-Krimis zu sehen bekommt.

Seine 1940er-Vibes bezieht das Café daher, dass sich hier seit der Eröffnung 1942 tatsächlich nicht viel verändert hat. Die Sitznischen, Tische und Stühle gab es alle damals schon. Im gesamten Ovaltine dreht sich alles um Authentizität. Fake oder aufgesetzt ist hier gar nichts – vom Schild an der Fassade über das Innendekor und die Gerichte aus der Küche bis hin zu den Gästen, die hier schmausen. Es kostet auch fast nichts mehr als zehn Dollar, und einen ehrlicheren Burger, Hackbraten oder Mac & Cheese gibt es nirgends. Der Milchshake wird mit echter Eiscreme und Ovomaltine zubereitet. Inhaberin Grace Chen und Tochter Rachel sorgen dafür, dass für arbeitende Männer und Frauen stets ein üppiges Mahl bereitsteht.

Zu den auffälligsten Dingen, die sich hier seit 1942 nicht verändert haben, gehört die Neonbeschilderung. Seit der Eröffnung prangt die heute kultige Leuchtwerbung an der Fassade als eines der wenigen Echos aus einer Zeit, als es in Vancouver mehr Neonröhren gab als anderswo in der Welt – außer in Shanghai. Vancouvers Neon-Boom begann in den 1940ern; das Ovaltine-Schild zählte zu den ersten. Der Trend wuchs so schnell, dass sich 1953 die hiesige Neon Products Company rühmte, Vancouver verfüge über 19.000 dieser bunten Kommerzleuchten. Dies alles änderte sich 1970, als die City Hall beschloss, es sei jetzt genug mit den Reklameröhren. Während neue Schilder nicht mehr erwünscht waren und bestehende Geschäfte umzogen oder ihre Namen änderten, verschwanden die Neonschilder von einst nach und nach aus dem Stadtbild. Außer am Ovaltine Café, wo das lichtgebende Gas so hell strahlt wie am Tag seiner ersten Erleuchtung und wo der Hackbraten wie einst Bauch und Herz wärmt.

Adresse 251 East Hastings Street, Vancouver, BC V6A 1P2, Tel. +1 (604)685-7021, www.ovaltinecafe.ca | **Anfahrt** mit dem Auto, gebührenpflichtiges Parken in der East Hastings Street | **Öffnungszeiten** Mo–Sa 6.30–15 Uhr, So 6.30–14 Uhr | **Tipp** Viele der einstigen Original-Neonschilder sind im Museum of Vancouver ausgestellt (1100 Chestnut Street, Vancouver, BC V6J 3J9, www.museumofvancouver.ca).

78 Der Point Grey Road Bike Path
Grüner Alltags-Allrounder

Vancouvers kühne Initiative, bis 2020 die grünste Stadt der Welt zu werden, ist in einem 90-seitigen Aktionsplan umrissen. Darin verpflichtet sich die Stadt, das Fahrrad zum gern genutzten Alltags-Allrounder zu machen. Erklärtes Ziel ist es, dass die Einwohner die Hälfte ihrer Wege per Rad oder zu Fuß zurücklegen. 2016 legte der Stadtrat dann auch mit dem nötigen Kleingeld nach, indem er es sich über sechs Millionen Dollar kosten ließ, eine der größten Verkehrsadern Vancouvers in einen Radweg zu verwandeln: Die Point Grey Road wurde zur autofreien Zone. Die alte Straße am Meer wird auch »Golden Mile« genannt, weil einige der teuersten Häuser Kanadas sie säumen. Lululemon-Gründer Chip Wilson besitzt eine Hütte am Ufer, deren Wert auf über 75 Millionen Dollar geschätzt wird.

Vor der Umgestaltung bretterten 10.000 Autos am Tag über die Point Grey Road, heute verstopfen sie andere Straßen wie die 4th Avenue oder den Broadway. Aufpassen muss man dennoch, jetzt aber auf die Radfahrer: An einem typischen Wochentag sausen bis zu 2.700 hier entlang auf einem der verkehrsreichsten Radwege der Stadt, die mit jedem Jahr radfreundlicher wird.

Abgesehen davon, dass er die Autostaus nur umlenkte, war der Radweg wegen seiner schieren Breite umstritten. Es sind jedoch genau diese großzügigen Dimensionen, die alle möglichen Vehikel zulassen. Bei siebeneinhalb Meter Breite kommen hier alle Cyclisten, Skateboarder, Rollerblader, Fußgänger und Gassigeher unter.

Heute ist der Point Grey Road Bike Path Teil des 27 Kilometer langen Seaside Greenway, der downtown beim Convention Centre startet, sich um den Stanley Park Seawall herumschlängelt, dem Ufer der English Bay und des False Creek folgt und bei den Spanish Banks ausläuft.

Kleine Warnung: Wer durch die Golden Mile fährt, halte Ausschau nach den Rolls-Royce, die ab und an aus der Garage rollen.

Adresse der 1,6 Kilometer lange Streifen von der Point Grey Road und der McDonald Street bis zur Point Grey Road und zur Alma Street | **Anfahrt** mit dem Auto, Parken in der First Avenue | **Öffnungszeiten** immer | **Tipp** Das Anwesen von Chip Wilson, dessen Reichtum sich auf Yoga-Bekleidung gründet, steht seit fünf Jahren ganz oben auf der Liste der teuersten Häuser in British Columbia (3085 Point Grey Road, Vancouver). Sehr viel sieht man nicht, das meiste versteckt sich hinter hohen Hecken und einer Mauer.

79 Das Polizeimuseum
Die Axt der Kosberg-Morde

Eines der gruseligsten Ausstellungsstücke im Vancouver Police Museum ist die Doppelaxt, die der 16-jährige Thomas Kosberg beim Mord an sechs Familienmitgliedern verwendete. Mutter, Vater, zwei Brüder und zwei Schwestern wurden mit Schlafmitteln betäubt und in ihren Betten in Stücke gemetzelt. Wundersamerweise verschonte er das sechs Monate alte Baby Osborne. Die Tat geschah am frühen Morgen des 10. Dezember 1965 im Haus der Familie in der Main Street und der East 22nd Avenue. Es bleibt eines der grauenerregendsten Verbrechen in der Geschichte Vancouvers. Kurz nach den Morden lehnte Thomas seine Axt an den Küchenherd, verließ das Haus und stellte sich seinem Psychiater. Wer sich die Axt näher besieht, erblickt ein noch immer an der Klinge klebendes blondes Haar.

Geschichten und Gegenstände dieser Art gibt es im Vancouver Police Museum in Hülle und Fülle. Fans der Kriminalgeschichte oder solche, die gern mehr über die dunkle Seite der Stadt erfahren würden, kommen hier in den Genuss einer breiten Palette von Mordwaffen, echten Verbrecherfotos, Falschgeld, ungelösten Fällen, Drogenzubehör, illegalen Waffen und Schmuggelware. Damit hat man rein zeitlich gut zu tun.

Schädelabgüsse der unaufgeklärten »Babes in the Wood«-Morde der 1940er sind aus der Nähe zu sehen, daneben das Beil, das benutzt wurde, um die noch immer unbekannten Brüder zu töten. Die Feuerwaffenausstellung umfasst Exponate, wie sie von den Bösen wie den Guten gleichermaßen eingesetzt werden, etwa Thompson-Maschinenpistolen vom Typ Al Capone und eine Reihe anderer Knarren wie die notorische Walther PPK, James Bonds Lieblingswaffe. Wer noch nie einen Schädel mit Einschussloch gesehen hat oder wen es interessiert, wie eine Stichverletzung am Herzen aussieht, ist hier richtig. Die nachgebaute Leichenhalle bietet zwei Edelstahltische ebenso wie faszinierende biologische Proben, die in Gläsern aufbewahrt werden.

Adresse 240 East Cordova Street, Vancouver, BC V6A 1L3, Tel. +1 (604)665-3346, www.vancouverpolicemuseum.ca, info@vancouverpolicemuseum.ca | **Anfahrt** mit dem Auto, gebührenpflichtiges Parken in der East Cordova Street | **Öffnungszeiten** Di–Sa 9–17 Uhr | **Tipp** Es lohnt ein genauerer Blick auf die Steinmetzarbeiten am Exterieur der Vancouver Art Gallery. Man wird das Wort *Police* über einem der Eingänge in Granit gemeißelt entdecken. Von 1911 bis 1979 diente das Gebäude als Vancouver Law Courts (Gerichtshof) (750 Hornby Street, Vancouver, BC V6Z 2H7, www.vanartgallery.bc.ca).

80 Punjabi Market
Parade der Genüsse

Wen die Suche nach einem neuen Pashmina, bunten Stoffen, ausgefallenem Schmuck oder auch nach den authentischen kulinarischen Genüssen Indiens umtreibt, der ist im Handelsviertel Punjabi Market an der Main Street zwischen 47th and 51st Avenue genau richtig. Bringen Sie eine Einkaufstasche und großen Appetit mit.

Nachdem die Läden genussvoll durchstöbert wurden, lohnt der Besuch eines lokalen Restaurants oder Lebensmittelgeschäfts, um den Heißhunger oder die Neugier auf Paneer, Samosas, Currys, Naan-Brot, Pakoras, Süßigkeiten, Nüsse und Gewürze zu stillen, während Bhangra-Klänge das Erlebnis abrunden.

Das einzigartige Handelszentrum in South Vancouver geht auf die 1970er zurück. Die frühen Wurzeln reichen jedoch bis ins Viertel Kitsilano im Jahr 1908 zurück, als Nordamerikas erstes Gurdwara, eine spirituelle Stätte der Sikhs, in der West 2nd Avenue 1866 gebaut wurde. So bequem in der Nähe guter Arbeitsmöglichkeiten in den Holzfabriken am False Creek gelegen, war dieses Gurdwara der soziale und kulturelle Versammlungsort der Community und wurde von Indiens Premierminister Jawaharlal Nehru und seiner Tochter Indira besucht, als sie sich 1949 in Vancouver aufhielten. Wäre die Holzindustrie nicht in den 1960ern nach einem verheerenden Großbrand in der Gegend um den False Creek nach Süden abgewandert, läge der Punjabi Market heute vielleicht in Kitsilano.

Es sollte anders kommen. Die holzverarbeitende Industrie zog um an den Fraser River, die Arbeiterschaft, das Gurdwara und die ökonomisch-soziale Dynamik folgten. Mit dem Verkaufserlös des alten Gurdwara wurde der neue Ross Street Temple finanziert, der am Vaisakhi-Tag (Sikh-Neujahr) 1970 die Pforten öffnete. Die Verbindung zwischen Punjabi Market und dem Tempel wird jeden April bei der jährlichen Vaisakhi-Parade offensichtlich. Die Parade beginnt am Tempel, zieht bis zur 49th Avenue und von dort wieder zurück.

Adresse Main Street zwischen 47th und 51st Avenue, Vancouver, BC V5X 3H3 | **Anfahrt** mit dem Auto, Parken an der Straße oder gebührenpflichtiges Parken in der Main Street und den Seitenstraßen | **Öffnungszeiten** immer | **Tipp** Besucher sind willkommen in dem Sikh-Tempel (8000 Ross Street, Vancouver, BC V5X 4C5), den der einheimische Architekt Arthur Erickson 1969 baute. Innen ist das Fliesenmosaik, das Guru Nanak, den ersten Guru des Sikhismus, darstellt und das Teil des ursprünglichen Gurdwara in Kitsilano war, sehenswert.

81 Der Queen Elizabeth Park
Schönste Wiederbegrünung

Die Einwohner Vancouvers sind mit den sonnigsten Sommern und den mildesten Wintern Kanadas gesegnet; übers Wetter beklagen muss sich hier also niemand. Sollte es einem jedoch jemals zu kalt oder zu nass werden, ist es gut zu wissen, dass es schnelle Abhilfe gibt. Man besuche den Queen Elizabeth Park und steuere das Bloedel Conservatory an.

Wer die Tore der imposanten triodetischen Kuppel durchschreitet, spürt sofort die Wärme und Feuchtigkeit der Tropen auf der Haut. Es ist wunderbar, die frische Luft einzuatmen, die 500 exotische Pflanzen erzeugen, und dem Krächzen, Zirpen, Zwitschern und Gurren zu lauschen, das farbenprächtige Papageien, Fasane, Kakadus, Aras, Kanarienvögel und Finken von sich geben. Augen und Ohren haben gut zu tun mit den intensiven Sinneseindrücken.

Während die Impressionen unter der Kuppel unvergesslich sind, erweist sich auch der Park draußen als besonders. Dies ist mit 152 Metern über dem Meeresniveau der höchste Punkt in Vancouver, und so bieten sich von hier aus unvergleichliche Aussichten auf die Stadt und die Berge. Nahe dem Conservatory wurden im Rahmen des vielleicht schönsten Wiederbegrünungsprojekts, das man jemals finden wird, zwei wilde Gärten in ehemalige Steinbrüche hineingebaut. Außerdem stehen im Park über 1.500 Bäume, die jede Baumart Kanadas repräsentieren; es handelt sich um das erste allgemein zugängliche öffentliche Arboretum Kanadas.

Zu guter Letzt gibt es hier einige interessante Statuen und Skulpturen: Bei »Knife Edge Two Piece« handelt es sich um eine von drei Kopien der abstrakten Skulptur des berühmten britischen Künstlers Henry Moore, die anderen beiden befinden sich in London und New York. Ein recht schräges Werk ist die Statue »Photo Session«, geschaffen 1984 von J. Seward Johnson. Es ist die lebensgroße Gestalt eines Mannes, der drei Freunde fotografiert – eine witzige Erinnerung daran, wie das ging, bevor Handys erfunden waren.

Adresse 4600 Cambie Street, Vancouver, BC V5Z 2Z1, Tel. +1 (604)873-7000, https://vancouver.ca/parks-recreation-culture/queen-elizabeth-park.aspx | **Anfahrt** mit dem Auto, gebührenpflichtiges Parken neben dem Conservatory möglich, kostenfreies Parken einen kurzen Fußweg entfernt | **Öffnungszeiten** täglich 6–22 Uhr | **Tipp** Das nahe gelegene Restaurant Seasons In The Park bietet eine phantastische Karte und einen der sensationellsten Blicke auf Vancouver (Cambie Street und West 33rd Avenue, Vancouver, BC V5Y 2M4, www.vancouverdine.com/seasons).

82 — Der Rainbow Crosswalk
Gay Pride zu Füßen

Es sollte niemanden überraschen, dass eine liberale, relaxte Stadt wie Vancouver sich rühmen kann, Kanadas ersten Rainbow Crosswalk, einen Regenbogen-Zebrastreifen, auf die Straße gepinselt zu haben, und zwar an der Kreuzung der Davie und der Bute Street. 2013 wurde er von Tim Stevenson eingeweiht, Kanadas erstem offen schwulen Minister. Was diesen Streifen sehenswert macht, ist nicht nur die Tatsache, dass er der erste seiner Art in Kanada ist, sondern er liegt noch dazu in einem besonderen, lebensbunten Viertel.

Der farbenprächtige Crosswalk geleitet die Überquerenden zu einem viereckigen Sanktuarium namens Jim Deva Plaza, umgeben von geschäftigen Läden und Apartments. Jim war ein Community-Aktivist, der das umstrittene Buchgeschäft »Little Sister's Book and Art Emporium« eröffnete. Der kleine Laden wurde wegen eines Gerichtsstreits mit der Canada Border Services Agency über den Import von angeblich »obszönem Material« homosexueller Natur bekannt. Der Fall landete 2000 vor dem Obersten Gerichtshof Kanadas; der Laden gewann die historische Paragrafenschlacht.

Ein Schild erläutert Jims lebenslangen Einsatz für freie sexuelle Entfaltung. Sein Geschäft gibt es noch immer, und es tritt weiterhin ein für seinen Glauben an die freie Rede. Ebenso wie die Skulptur eines gigantischen türkisfarbenen Metall-Megafons im Speaker's-Corner-Stil, die auf der Plaza steht. Den Buchladen findet man ein Stück die Straße hinunter in der Davie Street 1283.

Plaza und Zebrastreifen sind das Epizentrum von Vancouvers pulsierender Gay-Community. Viele der Unternehmen und Anwohner entlang der Davie Street haben als Symbol für ihren Lebensstil die stolze Regenbogenflagge gehisst, Bänke an Bushaltestellen oder Mülltonnen sind multicolor oder quietschpink angestrichen, um die lange Geschichte der Stadt in Sachen Diversität zu feiern. In dieser einzigartigen »Gaybourhood« trifft man auf interessante Läden, gay-freundliche Clubs und Unterkünfte und ein rasantes Nachtleben.

Adresse Davie Street und Bute Street, Vancouver, BC V6E 1N3 | **Anfahrt** mit dem Auto, gebührenpflichtiges Parken in der Davie Street | **Öffnungszeiten** immer | **Tipp** Nicht weit vom bunten Zebrastreifen findet man Pumpjack Pub, eine von Vancouvers besten Gay-Kneipen. Sie öffnet um 13 Uhr und bleibt meist bis um vier Uhr morgens geöffnet. Die Freitage sind »Jacked«: In einem abgetrennten Bereich auf dem Dancefloor treten dann Amateurtänzer und Stripper auf (1167 Davie Street, Vancouver, BC V6E 1N2, www.pumpjackpub.com).

83 Das Raumschiff
Alle 50 Jahre

Was macht ein dreieinhalb Meter langes, altmodisches Raumschiff im Stil Flash Gordons in Downtown Vancouver – und wie mag es hier gelandet sein?

Die »Centennial Rocket« hat eine lange, wechselvolle Geschichte, die untrennbar mit der Historie Vancouvers verquickt ist. Als die Stadt ihren 50. Geburtstag feierte, stellte die Pacific National Exhibition eine große Jubiläumsparade auf die Beine.

Man schrieb das Jahr 1936. Um den besonderen Anlass zu würdigen, baute die Blechschlossergewerkschaft eine modernistisch aussehende Raketenskulptur, die während der Parade auf einem Festwagen gefahren wurde.

Danach wurde das Raumschiff zu einem Flughafenterminal in Richmond verfrachtet und hieß bis 1977 Reisende aus aller Welt willkommen. Nach Jahrzehnten des kanadischen Regenwetters war es leider verrostet und längst dabei, zu einer fernen Erinnerung zu verblassen. Zum Glück hatte der Originaldesigner der Skulptur, Lew Parry, die alten Pläne aufbewahrt. 1985 kontaktierten die gleiche Metallergewerkschaft und der Verkehrsverein ihn mit dem Wunsch, das Schiff nachbauen zu lassen, um den 100. Geburtstag der Stadt zu begehen. Diesmal sollte das intergalaktische Symbol jedoch so gebaut werden, dass es hielt. Nach seiner Wiedergeburt wurde es vorübergehend nahe der derzeitigen Location auf dem Gelände der Expo 1986 ausgestellt.

Ist der Himmelsstürmer jemals geflogen? So ein bisschen. Nach der Expo wurde er der Stadt Vancouver vermacht und mit dem Hubschrauber zum jetzigen Standort nahe der SkyTrain-Station Cambie Street gebracht. Zu besichtigen ist das spacige Ding immer; vielleicht wartet man am besten bis 2036. Denn in der Rakete wurde eine Zeitkapsel hinterlassen, die erst zum 150. Jubiläum der Stadt geöffnet werden darf. Sie enthält vielfältige Artefakte aus den 1980ern, darunter Expo-Eintrittskarten und aufgezeichnete Nachrichten verschiedener Prominenter aus Vancouver.

Adresse 520 West 6th Avenue, Vancouver, BC V52 4H5 | **Anfahrt** SkyTrain bis Olympic Village (Canada Line); mit dem Auto, gebührenpflichtiges Parken in der Cambie Street | **Öffnungszeiten** immer zugänglich | **Tipp** Wer sich für den alten Helden aus der Zeit der Mondlandung, Flash Gordon, oder für seinen Zeitgenossen Buck Rogers interessiert, sollte die beiden Comicläden in der Main Street nicht weit von der Centenniel Rocket besuchen: Lucky's Books and Comics (3972 Main Street, Vancouver, BC V5V 3P2, www.luckyscomics.storenvy.com) und 8th Dimension Comics (2418 Main Street, Vancouver, BC V6A 3Y5, www.8thdimensioncomics.com).

84 Das Reifel Bird Sanctuary
Im Land der Kraniche

Das Beobachten und Fotografieren von Vögeln wird nicht »Birdwatching«, sondern »Birding« genannt. Und Birders mögen es gar nicht, als Birdwatcher bezeichnet zu werden.

Das ist gut zu wissen, wenn man eines der schönsten Vogelschutzgebiete Kanadas besucht, das nur 30 Kilometer südlich von Vancouver auf Westham Island liegt. Das Schutzgebiet ist nach seinem großzügigen Gründer George C. Reifel benannt. Er erwarb im Jahr 1927 700 Acre Land und nutzte es fast sein ganzes Leben lang als Farm. 1972 spendete Familie Reifel einen großen Teil des Landbesitzes der kanadischen Regierung – unter der Bedingung, dass er als Rückzugsgebiet für Vögel genutzt werde und weiterhin den Familiennamen trage. Seither besuchen jedes Jahr Millionen zweibeiniger, geflügelter Geschöpfe das unberührte Marschland.

Nahezu 300 Arten sind gezählt worden. Eine wöchentliche Spezies-Liste gibt darüber Auskunft, welche Vögel sich gerade hier aufhalten. Einen Feldstecher sollte man mitbringen, bequeme Wanderschuhe tragen und darauf gefasst sein, sich durch ein Geflecht aus Kies- und Gras-Routen entlang von Teichen und baumreichen Pfaden zu bewegen, die zu sich stets wandelnden Küstenhabitaten und atemberaubenden Aussichtspunkten führen. Sogar ein neun Meter hoher Aussichtsturm ist zu besteigen.

Bis zu 100.000 Schneegänse kommen jeden Herbst von der Insel Wrangel in Russland hier an. Etwa die Hälfte fliegt nach Kalifornien weiter, die Verbleibenden überwintern im und nahe dem Schutzgebiet. Das Frühjahr ist *die* Jahreszeit, um den Kanada-Kranich zu beobachten, einen über 1,20 Meter großen Vogel mit auffälliger, leuchtend roter Stirn. Zu den Favoriten des Publikums zählt der Sägekauz, der sich von nachts erbeuteten Nagetieren und kleinen Vögeln ernährt. Sonntagsmorgens kann man an einer äußerst interessanten Führung mit einem erfahrenen Birder als beflügelndem Begleiter teilnehmen.

Adresse 5191 Robertson Road, Delta, BC V4K 3N2, Tel. +1 (604)946-6980, www.reifelbirdsanctuary.com, bcsw@reifelbirdsanctuary.com | **Anfahrt** mit dem Auto, 3 Kilometer lang der 47A Avenue bis River Road West folgen und dann die Brücke nach Westham Island überqueren, die Hauptstraße auf der anderen Seite der Brücke endet im Schutzgebiet | **Öffnungszeiten** täglich 9–16 Uhr | **Tipp** Im Sommer gibt es an der Landstraße, die zum Reifel Bird Sanctuary führt, mehrere Gemüsestände und Erdbeerfelder zum Selbstpflücken. Das kleine, aber gut bestückte Keith's Produce existiert seit Ewigkeiten; es liegt kurz vor der Westham Island Bridge (3520 River Road West, Delta, BC V4K 3N2).

85 Die Rick-Hansen-Statue
Man in Motion

Bewegung und Granit sind zwei Dinge, die sich grundsätzlich zu widersprechen scheinen. In Gestalt dieser schönen Statue auf dem Grashang hinter dem Vancouver General Hospital, die Rick Hansen – Kanadas inspirierendem »Man in Motion« – gewidmet ist, kommen sie jedoch wie von selbst zusammen.

Um die volle Bedeutung dieses öffentlichen Monuments für das Konzept unermüdlicher, unaufhaltsamer Bewegung zu erfassen, stelle man sich den Äquator vor, der die Erde umläuft. Diese Linie repräsentiert 40.075,017 Kilometer. Es ist dieselbe Entfernung, die Rick von 1985 bis 1987 bei einer 26-monatigen Odyssee durch 34 Länder mit seinem Rollstuhl zurücklegte. Mit der »Man in Motion World Tour« fesselte er nicht nur sein internationales Publikum, er sammelte auch 26 Millionen Dollar Spenden für die Erforschung von Rückenmarkserkrankungen und deren Behandlung. Ebenso demonstrierte er, dass alles möglich ist, und lehrte die Welt, auch Menschen mit einer Behinderung wahrzunehmen. Seit der Tour sind über 300 Millionen Dollar an Ricks Stiftung gespendet worden, und er kämpft weiter für eine offene, inklusive Welt, in der Menschen mit Handicap ihr volles Potenzial ausschöpfen können.

Eine von Ricks größten Stärken ist sein messerscharfer Blick für die Zukunft. Die Rick Hansen Foundation (www.rickhansen.com) engagiert sich für weitere Community-basierte Programme, darunter Barrier Busters, eine Initiative für mehr Barrierefreiheit, und ein landesweites Schulprogramm, das Ricks Botschaft täglich zu über 2.500 Schulen in ganz Kanada bringt.

Die überlebensgroße Statue soll an das bereits Erreichte erinnern sowie an die harte Arbeit, die noch vor uns liegt. Es handelt sich um ein Werk William Koochins, der damit festhielt, wie Rick jeden Tag eine Strecke von drei Marathonläufen zurücklegte. Wer genau hinschaut, sieht seine Augen noch immer einer barrierefreieren Zukunft entgegenfiebern.

Adresse 818 West 10th Avenue, Vancouver, BC V5Z 1M9 | **Anfahrt** mit dem Auto, Parken am Krankenhaus in der West 12th Avenue 850 | **Öffnungszeiten** immer zugänglich | **Tipp** Es gibt eine wunderbare Statue von Terry Fox, einem weiteren kanadischen Kult-Athleten, Krebsaktivsten und Helden derselben Ära, der mit Rick Hansen befreundet war. Sie steht vor dem BC Place Stadium (777 Pacific Boulevard, Vancouver, BC V6B 4Y8, www.bcplacestadium.com).

86 Die Riesenkrabbe
Das meistfotografierte Krustentier Kanadas

Definitiv beweisen lässt sich nicht, dass diese Krabbe die meistfotografierte Kanadas ist. Dass sie jedoch recht fotogen rüberkommt, lässt sich kaum leugnen. Zwar wirkt sie wie gestern erst hingestellt, es ist jedoch über 50 Jahre her, dass George Norris die sechs Meter hohe Stahlskulptur schuf. Ihre Entstehung reicht bis zu den Feierlichkeiten zu Kanadas 100-jährigem Jubiläum 1967 zurück, in deren Gefolge diverse künstlerische und bauliche Initiativen unternommen wurden. Das Gebäude hinter der Krabbe etwa ist ein ebensolches Projekt und wurde am 20. Mai 1967 von der Cousine Queen Elizabeth', Princess Alexandra, eingeweiht.

Das Krustentier entstand unter Mithilfe von Gus Lidberg, der drei Monate damit verbrachte, in einem Atelier in der Main Street in der Nähe des heutigen Olympic Village die Metallteile zusammenzuschweißen, bevor der Kunst-Krabbler hierher verschifft wurde. Man stelle sich vor: Wäre sie von dem Frachter heruntergefallen, lauerte heute am Grunde des False Creek eine gigantische Metallkrabbe. Offiziell aufgestellt wurde sie am 14. Oktober 1968 und ist eines der zeitlosesten öffentlichen Kunstwerke Kanadas. Mit einem Preis von 20.000 Dollar war sie außerdem ein echtes Schnäppchen.

Da Norris keinem seiner Werke Titel gab, mag man dieses nennen, wie man mag. Viele bezeichnen es als »Haida Crab«, weil sich Norris angeblich von einer Legende der indigenen Haida inspirieren ließ, in der eine Krabbe den Eingang zu einem Hafen bewacht. Andere sagen einfach nur »diese große Metallkrabbe«.

Das Gebäude dahinter, das an eine fliegende Untertasse erinnert, wurde vom Architekten Gerald Hamilton entworfen und zitiert den traditionellen konischen Kopfschmuck der indianischen Nordwestküstenkulturen. Oft wird es mit dem Planetarium oder dem Space Centre assoziiert, doch es wurde ursprünglich als Standort des Centennial Museum erbaut, heute Museum of Vancouver genannt, das den Großteil des Gebäudes einnimmt.

Adresse 1100 Chestnut Street, Vancouver, BC V6J 3J9, www.museumofvancouver.ca, guestservices@museumofvancouver.ca | **Anfahrt** mit dem Auto, gebührenpflichtiges Parken am Museum of Vancouver/HR MacMillan Space Centre | **Öffnungszeiten** immer zugänglich | **Tipp** Das Haus des ersten Stadtarchivars von Vancouver, Major J. S. Matthews, ist nur ein paar Schritte entfernt (1343 Maple Street, Vancouver, BC V6J 3S1). Das 1911 errichtete Gebäude ist eines der ältesten Wohnhäuser im Viertel und war eine ganze Zeit lang Mittelpunkt der frühesten Archivierungsperiode Vancouvers.

87 Die Rogers Arena
Steile Kurve

Mitte der 1990er setzte ein Trend zu großen Sportarenen im Herzen der Städte statt auf dem freien Feld ein. Das alte Pacific Coliseum, wo seit ihrer Gründung 1970 die Canucks spielten, lag in einem Wohngebiet im fernen Nordosten von Vancouver. Um Vancouvers National-Hockey-League-Franchise zu retten, brauchte die Stadt eine nagelneue Arena mit allen Schikanen in Downtown, wo die Menschen leichter zu den Spielen gelangen konnten. Damals waren solche zentral gelegenen Grundstücke, die für ein Eishockeystadion groß genug gewesen wären, jedoch praktisch nicht existent. Einen potenziellen Ort zwischen den Zwillingsbrücken eines verkehrsreichen Viadukts allerdings gab es. Schließlich gelang es, die Arena in diese Nische zu zwängen. Nicht zuletzt darum verfügt die Rogers Arena, in der Eishockeyspiele und Konzerte stattfinden, über solch phantastische Blickachsen.

Als die Sportstätte eröffnet wurde, hieß sie noch General Motors Place. Es handelte sich um einen der ersten großen Namensrechts-Deals im damaligen Kanada. Genauso wichtig und mit den durch diese Sponsorenschaft entstandenen Einnahmen verbunden: Es war die erste moderne Sportarena in Kanada, die ausschließlich aus Privatvermögen finanziert wurde. Kein Penny Steuergeld floss in die 165-Millionen-Dollar-Anlage. Seit der Eröffnung im September 1995 haben über 25 Millionen Begeisterte die steilen Fankurven und die guten Ausblicke der Rogers Arena genossen.

Die Vancouver Grizzlies spielten hier sechs Spielzeiten lang Basketball, bevor sie nach Memphis zogen. Nach »General Motors Place« gab es für die Rogers Area noch einen weiteren offiziellen Namen. Während der Olympischen Winterspiele 2010 hieß sie aufgrund von Bestimmungen des IOC »Canada Hockey House«.

Es macht Spaß, um das Gebäude herumzulaufen und zu sehen, wie eng es sich an das Georgia Viaduct presst. Besser noch ist es natürlich, drinnen ein Spiel oder ein Konzert zu besuchen.

Adresse 800 Griffiths Way, Vancouver, BC V6B 6G1, Tel. +1 (604)899-7400, www.rogersarena.com | **Anfahrt** SkyTrain bis Stadium-Chinatown (Expo Line) | **Öffnungszeiten** von außen unbegrenzt; Events auf der Website | **Tipp** Vor der Arena (Abbott Street und Expo Boulevard, Vancouver, BC V5K 0A1) steht eine Bronzestatue des ehemaligen Canucks-Präsidenten und -Managers Roger Neilson. Sie zeigt ihn, wie er ein weißes Handtuch über einen Hockeyschläger hängt als eine Scherz-Kapitulation während der Stanley Cup Playoffs im Jahr 1982.

88 Das Sam Kee Building
Das seltsamste Gebäude

Als das »seltsamste Gebäude im Dominion«, im britischen Herrschaftsgebiet, beschrieb »The Daily World« das Sam Kee Building in einem Artikel vom 27. März 1913. Was diesen Bau so ungewöhnlich macht: Er ist einen Block lang, aber keine 1,30 Meter tief. In der Tat einer der einzigartigsten Gewerbebauten der Welt.

Das Haus kann als ein Dokument der Kreativität gesehen werden. Es ist auch ein gutes Lehrstück darüber, wie man es denen da oben zeigt. Als die Sam Kee Company das Grundstück 1903 erwarb, handelte es sich um ein Stück Grundbesitz in Standardmaßen. Das änderte sich, als die Stadtplaner entschieden, die Pender Street zu verbreitern. Sie kauften Chang Toy, dem Inhaber der Sam Kee Company, Land ab. Die Stadt entschädigte ihn nur für jenen Teil des Landes, den sie auch nutzte, und ließ Toy auf einem vermeintlich unbrauchbaren Grundstück sitzen. Toy wurde also mit einem furchtbar unfairen Handel abgespeist. Nach dem Motto »Wer zuletzt lacht, lacht am besten« heuerte der Unbeirrte jedoch Architekten an, die einen Bau mit Stahlrahmen errichteten und nicht nur die verbleibenden 1,50 Meter auf Straßenniveau nutzten, sondern das Untergeschoss unterhalb des Bürgersteigs ausbauten und einen ersten Stock daraufsetzten, der über selbigen Bürgersteig hinausragte. Die Stadt mag sich gedacht haben, sie bekäme eine hübsche breite Straße mit ein wenig ungenutztem Grün an der Seite; was sie jedoch bekam, war eine hübsche breite Straße mit einem Geschäftsgebäude neben dem Bürgersteig, unterhalb des Bürgersteigs und oberhalb des Bürgersteigs.

Die Stadtplaner hätten wissen müssen, dass sie mit Chang Toy den Falschen über den Tisch zu ziehen versuchten. Er war einer der gewitztesten Unternehmer der gesamten Region. Der 1857 in China geborene Toy kam mit nur 17 Jahren nach British Columbia. Er begann als Arbeiter, aber als er 50 Jahre alt war, machte seine Firma 180.000 Dollar Umsatz im Jahr (heute fünf Millionen).

Adresse 8 West Pender Street, Vancouver, BC V6B 1R3 | **Anfahrt** gebührenpflichtiges Parken in der Nähe | **Öffnungszeiten** immer, nur von außen zu besichtigen | **Tipp** Das Vancouver Chinatown Millennium Gate nur ein paar Schritte entfernt gibt einen coolen Hintergrund für ein Foto ab (26 West Pender Street, Vancouver, BC V6B 1R3).

89 Die schwimmende Tankstelle
Die letzte ihrer Art

Hätte man 1959 auf dem Stanley Park Seawall gestanden und hinaus auf Coal Harbour geblickt, wären einem fünf bunte, schwimmende Tankstellen ins Auge gefallen – jede von ihnen voll funktionstüchtig –, die in einer vollendeten Reihe sanft in den Wogen auf und ab wippten und einen stetigen Strom von Freizeit- und Handelsbooten mit marinem Kraftstoff versorgten. 1984 gab es noch vier, heute ist lediglich eine übrig. Wie Tankstellen in der Stadt Vancouver allgemein weniger werden, so sank auch die Zahl der auf dem Wasser treibenden Sprit-Stationen – auf fast null.

Die Stelle, an der die Bargen lagen, wurde als Gasoline Alley bekannt. Ein Boot der Standard Oil warf 1935 den ersten Anker; der Stammbaum der Firma führt geradewegs zu der Chevron-Barge, die heute hier festgemacht hat. Bei den anderen Großfirmen, die neben dem ursprünglichen Boot von Standard Oil vertreten waren, handelte es sich um Shell, Esso, Home Gas und Texaco. Ihre grellen Logos zierten hohe, von innen beleuchtete Schilder auf den Dächern. Sie wurden zu Wahrzeichen des geschäftigen Hafens von Vancouver – ein kurioser Ort, wie es ihn in Nordamerika kein zweites Mal gab. Normalerweise befinden sich Tankstationen näher am Ufer, der Kraftstoff wird vom Land her durch Pipelines gepumpt. Die einstigen schwimmenden Tankstellen waren, ebenso wie die, die es heute noch gibt, autark.

Die letzte Barge namens »Chevron Legacy« (den Namen kennen nur wenige Einheimische) wurde von Ship and Drydock Incorporated in Ketchikan, Alaska, gebaut und 2010 zu ihrer Anlegestelle gezogen, rechtzeitig zu den Olympischen Spielen. Jährlich spuckt sie überwältigende 50 Millionen Liter Kraftstoff aus. Die Lebenserwartung der ausdauernden Station liegt bei über 50 Jahren; auch zukünftige Generationen werden noch besichtigen können, was von der Gasoline Alley blieb.

Adresse Coal Harbour, am besten vom Stanley Park Seawall oder der Waterfront Road aus zu sehen | **Anfahrt** nur mit Privatboot zu erreichen | **Öffnungszeiten** immer | **Tipp** Es gibt in Downtown Vancouver nur noch eine traditionelle Tankstelle. Die Esso-Station an der Burrard Street und Davie Street liegt auf einem Eckgrundstück, dessen Wert auf 36 Millionen Dollar geschätzt wird. Tanken Sie bald mal hier, bevor sie abgerissen und in ein Haus mit Eigentumswohnungen verwandelt wird (1205 Burrard Street, Vancouver, BC V6Z 1Z5).

90 Die Seaforth Armoury
Messerschmitt bis MG

Als es von Kanadas Generalgouverneur 1936 eröffnet wurde, galt das freiherrliche Zeughaus Seaforth Armoury als »das schönste im Britischen Empire«. Es ist nicht nur eines der ältesten architektonischen Wahrzeichen der Stadt, sondern auch Heimat von Vancouvers sagenhaftem Infanterieregiment Seaforth Highlanders of Canada.

Wer während eines der öffentlichen Events hinter die blaue Pforte in der Burrand Street tritt, kann sich die hier ausgestellte reiche Geschichte des Regiments ansehen. Nach einer viele Millionen kostenden Restaurierung umfasst der Paradeplatz historische Exponate von der Gründung des Regiments anno 1910 bis heute. Zu den geschätztesten Stücken zählt das Vimy-Ridge-Gedenkkreuz. Nahebei zu sehen sind die Hoheitszeichen vom Heck einer Messerschmitt 109, die ein Soldat der Infanterie mit einem Bren-Maschinengewehr abgeschossen hatte.

Weiter beherbergt die Waffenkammer eines der bestgehüteten Geheimnisse der Stadt: das Regimental Museum. Hier, im ersten Stock, wurden über 100 Jahre lokaler Militärgeschichte liebevoll erhalten. Zu sehen sind Gemälde, Fotos, Skulpturen, Kunst aus Schützengräben und sogar Möbel aus soldatischer Herstellung.

Draußen steht ein LAV Memorial, ein Denkmal in Gestalt eines Radpanzers (LAV), von denen es in British Columbia zwei Stück gibt. Das ehemals bewegliche Memorial ist dem Dienst am Vaterland und den erbrachten Opfern der rund 500 Mitglieder der 39th Brigade (alle Reserveeinheiten BCs) gewidmet, die in Afghanistan eingesetzt waren.

Fotografien aus den 1930ern zeigen, wie idyllisch-ländlich es hier einst aussah. Die berühmte Brauerei Molson steht direkt nebenan, weshalb es oft nach Gerste und Hopfen riecht, aber die gibt es erst seit den späten 1950ern. Die Showrooms der Luxuswagen-Händler, die den Ort heute umgeben, waren noch reine futuristische Phantasien, als Lord Tweedsmuir die Armoury vor über 80 Jahren eröffnete.

Adresse 1650 Burrard Street, Vancouver, BC V6J 3G4, Tel. +1 (604)225-2520, www.seaforthhighlanders.ca | **Anfahrt** mit dem Auto, gebührenpflichtiges Parken in der Nähe | **Öffnungszeiten** nach Absprache; Events siehe Website | **Tipp** Auf der anderen Straßenseite im Seaforth Peace Park steht eine Skulptur von Sam Carter, die der Bombardierung Hiroshimas gedenkt. Eine weitere Skulptur von Keith Shields stellt den Hiroshima-Überlebenden Kinuko Laskey dar (1620 Chestnut Street, Vancouver, BC V6J 3K1).

91_ The Shameful Tiki Room
Für den Kitschtouristen in dir

In Vancouver regnet es eine Menge – gefühlt fast immer, besonders im Winter, wenn die kalten grauen Tage und der nasse Himmel nicht nach Tagen, sondern nach Monaten gerechnet werden müssen. Während dieser beständigen Feuchtsaison lohnt es, wenn man schon nicht nach Bali, Tahiti oder Hawaii entkommen kann, der Eintönigkeit dennoch zu entfliehen, indem man ein hippes Restaurant im polynesischen Stil besucht. Dieses wird einen auf eine Zeitreise mitnehmen und in ein anderes Klima entführen.

Der Gründer von The Shameful Tiki Room, Rod Moore, kreierte die perfekte Antithese zu Vancouvers verregneter Malaise, indem er ein altes Restaurant-Konzept von 1939 kopierte. Damals öffnete in Hollywood das erste polynesische Restaurant Amerikas namens »Don the Beachcomber«. Bald war ein Trend geboren; überall entstanden Esstempel mit Namen wie Trader Vic's, the Bali Hai oder Tiki Ti. Trader Vic's war eine erfolgreiche Kette. Die Filiale in Vancouver befand sich von 1961 bis 1996 neben dem Bayshore Inn Hotel. In einer Retro-Welt, in der das Piefige wieder cool ist, öffnete schließlich 2013 The Shameful Tiki Room seine Bambuspforten.

Essen und Getränke sind oldschool-spaßig wie die Volcano Bowl, die mit Strohhalmen für alle serviert wird, Blood of Kapu Tiki oder die Mystery Bowl. Während das Essen serviert wird, dimmen die Lichter herunter, Flacker-Spots und akzentuierte Beleuchtung imitieren einen Sturm, Trockeneis fließt wie Lava, und aus den Lautsprechern grollt tropischer Donner.

Die Deko ist totaler Kitsch mit Tonnen geschmackloser Souvenirs, Strohdächern, Surf-Zubehör, Vintagepostern, Fischlampen und alten Flaschen. Es gibt mehr Rum-basierte, quietschbunte Drinks mit Papierschirmchen und Maraschino-Kirschen, als man von einer Palme schütteln kann. Kein Licht gelangt durch die Fenster herein, und exotische Tänzerinnen treten auch auf. Niemand jedoch muss sich schämen, das Schamvolle schamlos zu genießen.

Adresse 4362 Main Street, Vancouver, BC V5V 3P9, www.shamefultikiroom.com/vancouver | **Anfahrt** mit dem Auto, gebührenpflichtiges Parken in der Main Street | **Öffnungszeiten** So–Do 17 Uhr bis Mitternacht, Fr, Sa 17–1 Uhr | **Tipp** Die Main Street hinunter bei Trendybucks, dem angebotsreichsten Haushaltswarenladen Vancouvers, findet man Gartenzubehör and jeden Schnickschnack auf dem Planeten für zu Hause (4101 Main Street, Vancouver, BC V5V 3P6, www.trendybucks.ca).

92__ The Shop
Der Experte für Wilde

Im Motorrad- und Kultfilm »Der Wilde« von 1953 mit Marlon Brando sitzt dieser in Leder und Jeans rittlings auf einer Triumph Thunderbird. Wer sich heute wie Brando anschustern will – oder wer gern einen auf gesetzloser Biker macht –, findet in The Shop in Vancouver die begehrte Montur. Der gepflegt altmodische Laden wendet sich vor allem an jene, die hochwertiges Handwerk und eine Qualität zu schätzen wissen, die Zeit und Sorgfalt erfordert. Klassische Mode aus dem Amerika der 1950er ist – natürlich – willkommen, aber es gibt da noch einen Überraschungs-Clou: The Shop ist auf japanische Jeans spezialisiert, und wer glaubt, sich mit Denim auszukennen, aber über den letzten Satz erstaunt ist, hat noch eine ordentliche Lernkurve vor sich.

Inhaber T. J. Schneider ist wahrscheinlich einer von Vancouvers Top-Experten in Sachen japanische Jeans und beherrscht das Sujet bis ins letzte Detail. Kurzfassung: Besser wird's nicht. Das hat damit zu tun, wie der Stoff gewebt ist, welche Art von Webstuhl verwendet wird, sowie mit den natürlichen Indigo-Farben. Marken wie Iron Heart, Stevenson Overall Company oder The Flat Head schmücken Regale und Wände. Außerdem gibt es seltene japanische Red-Moon-Lederbrieftaschen, die wie Museums-Exponate in Vitrinen an der Kasse ausgestellt sind. Auch amerikanische Selvedge-Jeans und andere Denim-Raritäten gehören zu den Spezialgebieten des Shops.

Wie jeder Liebhaber ist T. J. wählerisch dabei, was er kauft und verkauft, er besucht alle Hersteller in Japan, den USA und Europa, um selbst zu sehen, wie die Ware gefertigt wird – und wer sie fertigt. Von Unbekannten und ihm Unsympathischen nimmt er nichts; das allein kommt cool rüber.

Noch so ein Extra-Dreh: Der amerikanisch inspirierte Laden mit den japanischen Jeans liegt in Vancouvers Chinatown. Wer die Straße hinunterläuft und eine geparkte Harley-Davidson von 1956 erspäht, weiß, dass er richtig ist.

Adresse 432 Columbia Street, Vancouver, BC V6A 2R8, Tel. +1 (604)568-7273, www.theshopvancouver.com, brapp@theshopvancouver.com | **Anfahrt** gebührenpflichtiges Parken in der Columbia Street | **Öffnungszeiten** Do–So 12–18 Uhr, Mo–Mi nach Absprache | **Tipp** Die Keefer Bar bietet asiatisch inspirierte Häppchen-Teller und spezielle Cocktails, die einen von allem kurieren, was einen gerade plagen mag. Die Bar liegt nur einen kurzen Fußweg von The Shop entfernt (135 Keefer Street, Vancouver, BC V6A 1X3, www.thekeeferbar.com).

93 Die Silos
Giganten auf Granville Island

Wer immer die Betonsilos auf Granville Island baute, ahnte nicht, dass sie einst als Leinwand für eines der größten öffentlichen Kunstprojekte dienen würden. Genau das jedoch geschah: Die vier Speicher verwandelten sich 2014 in ein über 2.000 Quadratmeter großes 360-Grad-Kunstwerk. Geschaffen wurde es von den brasilianischen Zwillingen Octavio and Gustavo Pandolfo als Teil eines öffentlichen Kunstprogramms, das die gemeinnützige Organisation Vancouver Biennale initiierte.

Das knapp 22 Meter hohe Mauerbild stellt sechs Figuren in jenem einzigartigen Stil dar, der die Gebrüder Pandolfo zu Top-Graffiti- und Street-Art-Künstlern der Welt avancieren ließ. Zwei der sechs Gestalten blicken hinaus aufs Wasser, während die anderen landeinwärts ausgerichtet sind. Einer trägt Hoodie und Maske, zwei sind braunhäutig und vier Simpson-gelb.

Bei der Fertigstellung waren die sechs Giganten das größte Werk der Pandolfos, die sich in Profi-Sprech OSGEMEOS (portugiesisch für »Die Zwillinge«) nennen. Weitere Arbeiten von ihnen waren in San Francisco, New York, Mumbai, Berlin, Mailand, in der Tate Gallery in London und auch auf einer Boeing 737 als Aktion im Rahmen der Fußballweltmeisterschaft 2014 in Brasilien zu sehen. Die spraydosenschwingenden Geschwister arbeiteten sogar mit Louis Vuitton an einem Schaldesign. Alle ihre fröhlich bunten Kreationen weisen denselben Mix aus brasilianischem Flair und Hip-Hop auf, der zu ihrem Markenzeichen wurde. Der offizielle Name der Silos lautet: »Giants«.

Noch immer werden diese von der Ocean Concrete Company genutzt, die seit den 1920ern auf Granville Island ungezählte Tonnen Beton hergestellt hat. Teils geht er in den für die Firma typischen leuchtend bunt bemalten Betonmischer-Lkws auf die Reise, teils in Frachtern. Der Beton wurde für viele Gebäude in Vancouver verwendet, das bekannteste ist die öffentliche Bibliothek.

Adresse 1415 Johnson Street, Granville Island, Vancouver, BC V6H 3R9, www.osgemeos.com.br/en | **Anfahrt** mit der Fähre zum Granville Island Ferry Dock; mit dem Auto, die nächste gebührenpflichtige Parkgelegenheit findet sich in der Anderson Street 1402 | **Öffnungszeiten** immer zu sehen | **Tipp** Das Vancouver Mural Festival ist das größte jährliche kostenlose Kunstevent Vancouvers. Hinweise zu Führungen, eine ausführliche Karte und alles zum Thema Mauerbilder gibt es unter www.vanmuralfest.ca.

94 Der Southlands Riding Club
Rösser statt Drahtesel

Wer in Vancouver lebt, kann eine Hunde-Lizenz erwerben – und auch eine für die Hühnerhaltung im Hinterhof. Wer aber zu Hause ein Pferd halten möchte, muss in Southlands leben, der einen Gegend der Stadt, in der man definitiv mehr Rösser als Drahtesel sieht.

Nur zehn Kilometer südlich vom Stadtkern und nördlich vom Fraser River stößt man auf diese einzigartige Semi-Agrar-Enklave mit speziellen Zonierungsgesetzen, die es Menschen erlauben, Nutztiere zu Hause zu halten. Dies war eines der ursprünglich landwirtschaftlich genutzten Viertel der Stadt. Im 19. Jahrhundert gründete die Familie McCleery eine 65 Hektar große Farm. Der ländliche Charakter verfestigte sich in den 1940ern, als einige Anwohner sich zusammentaten, um den Southlands Riding Club zu gründen. Ursprünglich diente er der örtlichen Polo-Community, heute ist der Club eine gemeinnützige Organisation, die sich um rund 400 reitende und nicht reitende Mitglieder kümmert. Etwa 20 Pferde-Shows veranstaltet der Club pro Jahr, die man sich kostenlos ansehen kann. Wer schon immer mal ein Polo-Spiel, eine Dressur- oder Springnummer verfolgen oder sich selbst auf den Sattel schwingen wollte, ist hier richtig. Zusätzlich zum Training genießen es die Leute, einfach draußen zu sein und die 50 Kilometer von Trails entlangzutraben oder -galoppieren, die sich durch den Pacific Spirit Regional Park winden. Jeden Sonntag bei jedem Wetter trifft sich eine engagierte Gruppe von Reitern und sammelt an Ställen oder Weiden weitere Reiter ein zu einem Streifzug durch die Trails.

Der Club liegt östlich des Point Grey Golf Clubs, westlich des Marine Drive Golf Clubs und neben dem öffentlichen McCleery Golf Course. Geschichtsfans, die gern golfen, sollten sich zum elften Loch des McCleery Course aufmachen, wo eine Bronzetafel den Punkt kennzeichnet, an dem einst Vancouvers erstes Wohnhaus in europäischem Stil stand.

Adresse 7025 Macdonald Street, Vancouver, BC V6N 1G2, Tel. +1 (604)263-4817, www.southlandsridingclub.com, info@southlandsridingclub.com | **Anfahrt** mit dem Auto, das Parken am Club ist kostenfrei | **Öffnungszeiten** Mo–Fr 9–17 Uhr, Sa 9.30–15.30 Uhr, So 10–15.30 Uhr | **Tipp** Die 1,2 Hektar große Southlands Heritage Farm ist ein tolles Ziel für Familienausflüge. Kinder kommen hier nah an die Pferde, Enten, Hühner, Ziegen und Schafe heran (6767 Balaclava Street, Vancouver, BC V6N 1R7, www.southlandsfarm.ca).

95 Der SS-»Beaver«-Steinhügel
Tribut an eine Legende

Anders als bei der »Edmund Fitzgerald« wurde ihr Wrack nie besungen, dennoch hat die SS »Beaver« einen festen Patz in der Schifffahrtshistorie Kanadas inne. Ihre Geschichte ist so bewegt wie schillernd. Wer den Weg zum Aussichtspunkt Prospect Point Lookout im Norden des Stanley Park hochläuft, wird diesem einsamen Steinhügel begegnen, der jenes Tages anno 1888 gedenkt, als das Schiff hier auf die Felsen auflief und seine Fahrten an ein abruptes Ende gelangten.

Heute ist vom Wrack kaum noch etwas übrig bis auf einige rostige Nägel und aufgeweichte Eichen-, Ulmen- und Teakholzsplitter, die einst die markante Silhouette bildeten. Die besten Erinnerungsstücke findet man heute eher im Vancouver Maritime Museum (siehe Ort 96) oder im Hastings Mill Store (siehe Ort 43) als in den schaumigen Wogen, die sich unterhalb an den Felsen brechen.

Als die »Beaver« jedoch 1835 erstmals die Segel setzte und ihre Jungfernfahrt an der Blackwell-Werft an der Londoner Themse begann, war dieses Schiff der Hudson's Bay Company mit seinem mit Kupfer verkleideten Rumpf bestens ausgerüstet und auf die Abenteuer in den entferntesten Winkeln des British Empire vorbereitet.

Zwar war die »Beaver« als Dampfschiff konzipiert, von London nach Vancouver musste sie allerdings noch segeln. Die beiden Dampfmotoren mit 35 PS wurden erst nach der Ankunft in Fort Vancouver nahe dem heutigen Portland, Oregon eingebaut. In jenen Tagen, bevor Oregon zum Staat wurde und British Columbia offiziellen Koloniestatus besaß, kam die »Beaver« gerade rechtzeitig an, um Zeugin der wirtschaftlichen und sozialen Entwicklung an der pazifischen Westküste zu werden. Das Handels- und Marineschiff transportierte von Türklinken bis zu Diplomaten alles nur Erdenkliche. In seinen letzten Tagen – gestrandet und unbeweglich – war es jedoch Plünderern, Souvenirjägern und den Elementen ausgesetzt, bis nichts mehr übrig war.

Adresse nahe Prospect Point Lookout bei Prospect Point, 5601 Stanley Park Drive, Vancouver, BC V6G 3E2 | **Anfahrt** mit dem Auto, öffentliches Parken bei Prospect Point | **Öffnungszeiten** immer | **Tipp** Der Besuch lässt sich durch einen Abstecher zum Prospect Point Restaurant and Deck aufwerten. Das draußen gelegene Deck bietet einen Blick auf die Lions Gate Bridge (5601 Stanley Park Drive, Vancouver, BC V6G 3E2, www.prospectpoint.com/dining).

96 Die »St. Roch«
Auf Tuchfühlung mit der Arktis

Die Kronjuwelen von England werden hinter schusssicherem Glas aufbewahrt und sind in einem Schloss weggesperrt. Die Verfassung der Vereinigten Staaten liegt in einem hermetisch versiegelten Titan-Kasten. Die »Mona Lisa« wird mit einem Seil abgegrenzt, um Besucherdistanz zu garantieren. Allzu oft sind die interessantesten Schätze zwar in Sichtweite ausgestellt, aber zu weit entfernt für einen näheren Blick. Nicht so im Vancouver Maritime Museum. Hier ist Verblüffendes aus der Schifffahrtsgeschichte ganz aus der Nähe zu sehen.

Man kommt auf Zentimeterdistanz an Captain Vancouvers handgezeichnete Karten heran oder an die Uhr, die er bei der Erforschung des pazifischen Raums in den 1790ern verwendete. Die Original-Mastspitze des berühmten Ozeankreuzers »Empress of Japan« befindet sich hier, die Schiffsglocke der »Princess Sophia«, diverse Relikte der SS »Beaver« (siehe Ort 95) und mehr Schiffsmodelle, als man sich vorzustellen vermag, darunter eines aus Schweinsknochen. Insgesamt sind es 15.000 Gegenstände und 100.000 Bilder, die das Museum zur veritablen Schatzkiste maritimer Memorabilien machen.

Hauptattraktion des Museums ist das Boot der Royal Canadian Mounted Police »St. Roch«. Man wundere sich nicht, wozu die berittene Polizei einen solchen Kahn brauchte, sondern konzentriere sich auf den eigentlichen Grund seiner Berühmtheit: Es war das erste Schiff, das erfolgreich die Nordwestpassage von der West- bis zur Ostküste durchsegelte und ebenso das erste, das Nordamerika umrundete. Wer noch herumsteht: Los, an Bord klettern! Zu erkunden sind die Mannschaftsquartiere unter Deck. Man kann auch die Leiter zum Steuerhaus erklimmen oder sich ausmalen, wie es gewesen sein mag, durch die Arktis zu schippern. Im Untergeschoss des Museums hat man die Gelegenheit, um den Rumpf dieses großartigen Schiffes herumzugehen. Wer in diesem Museum nicht nah herangeht, der verschenkt eine einzigartige Gelegenheit, mit Ausstellungsstücken auf Tuchfühlung zu gehen.

Adresse 1905 Ogden Avenue, Vancouver, BC V6J 1A3, Tel. +1 (604)257-8300, www.vancouvermaritimemuseum.com, info@vancouvermaritimemuseum.com | **Anfahrt** mit dem Auto, den nächsten gebührenpflichtigen Parkplatz findet man in der Chestnut Street 900; Fähre zum Maritime Museum | **Öffnungszeiten** Mo–Mi 10–17 Uhr, Do 10–20 Uhr, Fr–So 10–17 Uhr | **Tipp** Fiffi kann wunderbar am nahe gelegenen Hadden Park Dog Beach herumtollen (1000 Chestnut Street, Vancouver, BC V6J 3J9).

97 Die Statue Harry Jeromes
Vancouver rennt

Vancouver ist wie gemacht für Läufer. An jedem Wochenende hämmern Tausende Fersen über den Asphalt; es wird für einen Wettlauf trainiert oder einfach die frische Luft genossen. Die BMO Vancouver International Half and Full Marathons ziehen jeden ersten Sonntag im Mai jährlich über 15.000 Menschen an. Die beiden Renn-Events sind über die letzten 45 Jahre stetig gewachsen. Der 10K Vancouver Sun Run am dritten Sonntag im April ist jedoch das größte Rennen von allen. 2011 nahmen über 60.000 Läufer teil und machten ihn damit zum größten 10.000-Kilometer-Lauf mit Stoppuhr der Welt. Sowohl der Marathon als auch der Sun Run führen durch den Stanley Park – ein Paradies für Laufsportler.

Eine beachtliche, bald drei Meter hohe Statue auf dem Gelände dient als wichtige Inspiration für Hobbyläufer und Profis, die ihre Trainingszeiten stoppen.

Das Denkmal wurde einem von Kanadas herausragendsten Läufern gewidmet, Harry Jerome, einem Athleten aus Vancouver, der sieben Weltrekorde aufstellte und junge Kanadier dazu anspornte, ihre Träume zu verwirklichen. 1969 wurde er von Premierminister Pierre Trudeau gebeten, dabei zu helfen, das kanadische Sportministerium aufzubauen. Leider starb Jerome 1982 an einem Aneurysma; er wurde nur 42 Jahre alt.

1986 wurde die Statue ihm zu Ehren aufgestellt. Passenderweise befindet sie sich direkt am weltberühmten Uferweg »Seawall« im Stanley Park. Die dortige Laufstrecke gehört zu den schönsten der Welt, 10.000 Meter voller atemberaubender Blicke auf den wilden Ozean und aufragende Berggipfel, umgeben von sattem grünem Wald. Trinkquellen zur Erfrischung gibt es zuhauf.

Wer vorhat, über den Seawall zu laufen, startet am besten an der Parkseite zur English Bay hin, sodass man die Zehn-Kilometer-Marke bei der Skulptur erreicht. Jeromes Geist wird den Ehrgeiz beflügeln, während man über eine imaginäre Ziellinie hinwegspurtet.

Adresse 1979–2155 Stanley Park Drive, Vancouver, BC V6G 3E2 | **Anfahrt** mit dem Auto, gebührenpflichtiges Parken hinter den »Totem Poles« | **Öffnungszeiten** immer | **Tipp** Wenn die Statue und die dazugehörige Geschichte Sie dazu inspiriert, ebenfalls loszulaufen – just do it: Am Eingang des Stanley Parks gibt es das überreich bestückte Sportschuhgeschäft Running Room (679 Denman Street, Suite 203, Vancouver, BC V6G 2L3, www.runningroom.com/ca).

98 Das Stir Coffee House
Oldschool mit Hipness-Prise

Am Eingang zum historischen Dorf Ladner steht ein merkwürdig geformter dreieckiger Block, in dem 1963 ein Eigentümer namens Johnny Lowe ein Lebensmittelgeschäft eröffnete, das als Johnny's Corner bekannt war.

Sein Laden war der Mittelpunkt des Viertels und half, die Gemeinde zu festigen und zusammenzuhalten. Heute ist Johnnys Sohn Rob in die Fußstapfen seines Vaters getreten; er bereicherte die Community, indem er das alte Geschäft in eines der besten Cafés im Großraum Vancouver verwandelte. An den Wänden des Stir Coffee House hängen stets wechselnde Werke örtlicher Fotografen. Tee, Kaffee, Backwaren, Honig und andere Zutaten stammen aus der Region. Ein Plattenspieler hinter der Theke spielt einen vielseitigen Mix von LPs ab, und in einer handgefertigten Bücherbox außerhalb des Cafés können Anwohner und Besucher gebrauchte Bücher loswerden oder mitnehmen. Im Sommer ist die Außenterrasse eine gemütliche Ruhe-Oase, wo man genüsslich schmökern kann.

Die Geschichte der Ecke reicht jedoch weiter zurück als in die frühen 1960er. In der Lobby eines kleinen angegliederten Bürogebäudes findet man eine große Schwarz-Weiß-Fotoschau, die die Anfänge Ladners als Farmer- und Fischerdorf ausführlich erläutert. Es ist interessant zu sehen, wie viele verschiedene Unternehmen es hier gab seit der Errichtung des ersten kommerziellen Gebäudes 1902. Es begann mit einem Eisenschmied und ging mit einer Reparaturwerkstatt für Fahrräder und Rasenmäher weiter; einmal stand hier auch ein Vorführraum für Landwirtschaftsgeräte und -maschinen. Bereits in den späten 1950ern war hier ein Coffeeshop.

Heute ergießt sich der Kaffee noch immer heiß in die Tasse, dennoch ist der Laden zugleich sehr hip. Junge, engagierte Baristas kredenzen die köstlichen Getränke in altmodischen türkisfarbenen Tassen. Was sich nicht verändert hat, ist der ausgeprägte Gemeingeist, der diese Ecke seit über 100 Jahren lebendig hält.

Adresse 101–5085 48th Avenue, Ladner, BC V4K 1W1, Tel. +1 (604)940-8005, www.stircoffeehouse.com | **Anfahrt** mit dem Auto, Parken in der 48th Avenue | **Öffnungszeiten** Mo–Fr 7–18 Uhr, Sa, So 8–17 Uhr | **Tipp** Auf der anderen Seite der 47A Avenue liegt ein kleiner Grünstreifen, der an einen Tümpel angrenzt. Diese öffentliche Oase namens Magee Park bietet einige nette Bänke, um vorbeischwimmende Enten zu beobachten, während man am Kaffee nippt (4740 Arthur Drive, Ladner, BC V4K 2X5).

99_Das Storybook House
Hexenhäuschen meets Disney-Cartoon

Obwohl Dächer eigentlich Wasser vom Himmel abweisen sollen, gibt es in West Side Vancouver ein Wohnhaus, das entworfen wurde, um wie Wasser *auszusehen*. Genauer: um so auszusehen wie Wellen, die sich auf dem offenen Ozean brechen. Das Haus, das nicht weit vom Jericho Beach steht, schmückt ein seltenes Sea Wave Roof.

Der Rest des Hauses weist einige zusätzliche auffällige Design-Raffinessen auf, wodurch es dem dicht bewaldeten Viertel einen Charme wie aus der Alten Welt verleiht.

Vancouver hat zwei oder drei dieser spleenigen architektonischen Schätze zu bieten, die als »Storybook Houses« bekannt sind. Fachlich bezeichnet man diesen Stil als »Provincial Revivalism«. Beide Begriffe beschreiben einen Architektur- und Bedachungstyp, eine Kreuzung aus verwunschenem europäischen Häuschen und einem Haus aus einem Walt-Disney-Cartoon. Populär waren diese Häuser von den 1920ern bis zu den frühen 1940ern primär an der nordamerikanischen Westküste, besonders in Los Angeles. Klar nach Regelwerk definieren lässt sich der Stil nicht; Hauptkennzeichen sind jedoch bewusst schiefe Dächer, die wie strohgedeckt wirken, sowie eine insgesamt verspielte und drollige Anmutung.

Heute ist dieser Dachtyp beim Bau sehr teuer, vor allem darum ist er so selten geworden. Solche Dächer werden aus dampfgebogenen Zedernschindeln gefertigt, die in dichten, wellenförmigen Schichten angebracht werden, was sehr arbeitsintensiv ist – so arbeitsintensiv und unpraktisch, dass dies eine fast verlorene Handwerkskunst ist.

Der 230 Quadratmeter große Bungalow wurde von einem Haus im Tudorstil nahe Stratford-upon-Avon in England inspiriert, in dem Shakespeares Frau Anne Hathaway ihre Kindheit verbrachte. Ein herrlich kurioser Anblick. Wer weit genug vom Dach entfernt steht, kann seine charmanten Unvollkommenheiten studieren und sich wie auf einer Zeitreise fühlen. Aber bitte nicht wundern, wenn Tolkiens Bilbo Beutlin aus dem Haus kommt.

Adresse 3979 West Broadway, Vancouver, BC V6R 3V4 | **Anfahrt** mit dem Auto, Parken an der Straßen | **Öffnungszeiten** immer; nur von außen zu sehen | **Tipp** Wen dieser Typ von Dach-Design interessiert: Es gibt in Vancouver noch ein weiteres schönes Beispiel (587 West King Edward Avenue, Vancouver, BC V5Z 2C4), wo ein altes Haus mit gewelltem Dach in einen modernen Vielparteienkomplex integriert worden ist.

100 Die Suchscheinwerfer
Überbleibsel des Zweiten Weltkriegs

Im Zweiten Weltkrieg sollten die beiden Betonbauten, die zuweilen mit Geschützstellungen oder Bunkern verwechselt werden, die Zufahrt zum Hafen von Vancouver entlang der Straße von Georgia anstrahlen für den Fall, dass feindliche Schiffe oder U-Boote angriffen.

Die beiden Türme stehen nahe dem Ufer unterhalb dreier früherer Geschützstellungen der Point Grey Battery (heute ist hier das Museum of Anthropology). Diese Geschütze hatten eine Reichweite von knapp 13 Kilometern – genug, um Bowen Island zu treffen – und konnten sechs Granaten pro Minute abfeuern. 1939 war Point Grey Battery die am schwersten bewaffnete der fünf Artilleriefestungen, die an der Küste zur Verteidigung Vancouvers errichtet wurden. Die Suchscheinwerfer wurden von einem Beobachtungsposten aus ferngesteuert und hatten eine Kerzenstärke von etwa 800 Millionen. Wer sich mit dieser Maßeinheit nicht auskennt: Dies reicht aus, um ein drei Kilometer entferntes Ziel hell zu erleuchten.

Nur einmal, 1942, wurde tatsächlich ein Schiff von hier beschossen, als nämlich eine Granate, die über den Bug eines säumigen Fischerbootes geschossen wurde, auf der Wasseroberfläche abprallte und einen Frachter traf. Ups! Die Royal Canadian Artillery betrieb die Scheinwerfer und Geschütze bis 1948, als Letztere demontiert wurden. Die Gebäude wurden danach von der University of British Columbia für Studentenwohnungen genutzt. Heute dienen die Scheinwerfer nur noch den Graffiti-Künstlern als Leinwand. Sie liegen etwas abseits, sind aber nicht schwer zu finden; der Weg dorthin ist ein vergnüglicher längerer Spaziergang.

Am einfachsten kommt man hin, wenn man dem Trail 4 bis zum Tower Beach folgt, westlich vom Museum of Anthropology. Am Fuß des 70 Meter langen Abstiegs über einen gepflegten Pfad biegt man rechts ab und geht weiter über den steinigen Strand (Stichwort vernünftiges Schuhwerk!). Nicht erschrecken: Badebekleidung ist hier »optional«.

Adresse Tower Beach, Vancouver, BC V6T 1X8 | **Anfahrt** mit dem Auto, Parken am Museum of Anthropology oder in der UBC Rose Garden Parkade | **Öffnungszeiten** immer zugänglich; nur von außen zu besichtigen | **Tipp** Einst dinierte hier exklusiv die nahe gelegene Fakultät der UBC, heute bietet das Sage Bistro (6331 Crescent Road, Vancouver, BC V6T 1Z2, www.sage.ubc.ca) einem jeden atemberaubende Blicke aufs Meer, moderne West-Coast-Küche und tadellos erhaltene 1960er-Architektur.

101 — Das Sylvia Hotel
Ein Kater und eine Baroness

Eine der geschätztesten und klassischsten Institutionen Vancouvers ist das Sylvia Hotel. Seit über 100 Jahren altert dieses siebenstöckige Wahrzeichen der Stadt in Würde an den Ufern der English Bay. Die von Jungfernrebe vollkommen überwucherte Seite zur Gilford Street hin zeichnet das vornehme Erscheinungsbild der alten Dame noch weicher. Das Rankgewächs war kurz nach der Eröffnung des Hotels 1913 von einem der ersten Pächter gepflanzt worden, der dort 25 Jahre lebte.

Das 1912 gebaute Sylvia sollte ursprünglich ein Apartmentgebäude werden; entworfen wurde es vom Architekten W. P. White aus Seattle für Mr Abraham Goldstein, der das Gebäude nach seiner ältesten Tochter benannte. Damals kostete der Bau 250.000 Dollar.

Das Sylvia war das erste haustierfreundliche Hotel Vancouvers. Im weitläufigen und ländlich wirkenden Stanley Park nebenan gab es reichlich Auslauf. Eine Katze wurde berühmt, weil sie die Gastfreundschaft überbeanspruchte.

In den frühen 1990ern spazierte ein streunender Kater in den Empfang. »Der muss wieder raus, sobald es aufgehört hat zu regnen«, sagte der Hotelmanager. Das Tier dachte gar nicht daran und wurde für sieben Jahre zum offiziellen Maskottchen. »Mr Got to Go« (»Herr Muss-gehen«) nannte man den Kater bald. Seither sind drei Kinderbücher über ihn erschienen, die es im Hotel zu kaufen gibt; auch Bilder und Memorabilien über den kleinen Schnorrer sind hier erhältlich.

Eine weitere schräge Geschichte handelt von einer ungarischen Baroness aus Manhattan, die in den 1950ern und 1960ern zwölf Jahre lang jeden Sommer hier residierte, und zwar stets in Raum 727. An einem heißen Nachmittag im August drohte ihr das Hotel mit dem Rausschmiss, da sie mutmaßlich mit Trauben auf Passanten auf der Beach Avenue gezielt hatte. Wer auf der Seite zur Gilford Street hin eintritt, achte also auf fliegende Früchte.

Adresse 1154 Gilford Street, Vancouver, BC V6G 2P6, Tel. +1 (604)681-9321, www.sylviahotel.com, info@sylviahotel.com | Anfahrt mit dem Auto, gebührenpflichtiges Parken in der Tiefgarage unter dem Hotel | Öffnungszeiten übliche Rezeptions-Öffnungszeiten; Restaurantöffnungszeiten auf der Website | Tipp Um die Ecke liegt der winzige Morton Park. Hier stehen 14 gewaltige Statuen, die wirken wie halb nackte lachende Buddhas. Sie waren als vorübergehende Exponate anlässlich der Vancouver Biennale 2009 gedacht. Jetzt könnten sich die 1,5-Millionen-Dollar-Statuen ins Fäustchen lachen: Sie sind noch immer hier (1800 Morton Avenue, Vancouver, BC V6G 1V3).

102 Das Trump International Hotel
PR-Genies und Protestmärsche

Vancouver ist eine der liberalsten Städte Nordamerikas. Was also macht ein monolithischer, in sich verdrehter Turm, an dem der Name »Trump« prangt, im Geschäftsviertel von Vancouver Downtown?

Ganz einfach: Es handelt sich um einen schlichten Lizenz-Deal, der es der Eigentümerin The Holborn Group gestattet, ihr Gebäude im Rahmen der Marke Trump zu vermarkten. Der Handel war perfekt, lange bevor der Gleichnamige Präsident der USA wurde. Der schillernde Silberturm, der in den ersten 14 Stockwerken ein Hotel mit 147 Zimmern und obendrauf gestapelt 217 Luxusapartments beherbergt, eröffnete, kurz nachdem »The Donald« 2017 das Amt übernommen hatte. Ein Pressetext pries das Hotel mit 68 Stockwerken als einem der höchsten Bauten Vancouvers; dumm nur, dass es lediglich 62 Etagen aufweist. Offenbar hatte ein Genie der PR-Abteilung die Untergeschosse mit Parkplätzen mitgezählt.

Mit der Stadt verbindet das Hotel jedoch mehr, als die meisten Bewohner ahnen. Es wurde von Arthur Ericksen entworfen, Vancouvers gefeiertem, weltberühmten Architekten, eine Legende, dessen Bauten die junge Stadt mitdefinierten. Eine unvollständige Liste der von Erickson entworfenen Gebäude umfasst das UBC Museum of Anthropology, die Law Courts in Downtown, das alte MacMillan-Bloedel-Gebäude, den Simon Fraser University Campus und das Waterfall Building in Kitsilano. Ericksens Entwürfe reichen weit über die Region hinaus; ein weiteres Prunkstück ist die kanadische Botschaft in Washington, D.C. Ericksen starb 2009. Das Trump International Hotel sollte ursprünglich ein Ritz Carlton Hotel werden.

Zufällig liegt das Hotel nur wenige Blocks vom amerikanischen Konsulat entfernt. Die Einheimischen sind für ihre Neigung zu Protestmärschen bekannt. Häufig umfasst die Route auch einen Halt an diesem Gebäude, das von Kanadas berühmtestem Architekten stammt.

Adresse 1161 West Georgia Street, Vancouver, BC V6E 0C6, Tel. +1 (604)979-8888, www.trumphotels.com/vancouver | **Anfahrt** mit dem Auto, gebührenpflichtiges Parken in der Georgia Street | **Öffnungszeiten** übliche Rezeptions-Öffnungszeiten | **Tipp** Nur 1,5 Kilometer westlich im Stanley Park ist das Denkmal für den US-Präsidenten Warren G. Hardings zu sehen. Er war der erste amtierende Präsident, der Vancouver besuchte, und wurde Ende Juli 1923 vom Publikum aus 50.000 Menschen herzlich in Empfang genommen. Eine Woche später starb er in San Francisco (www.vancouverhistory.ca/archives_harding.htm).

103 — Das Tsawwassen Terminal
Phantastische Fähren-Flotte

Nordamerikas zweitgrößte Insel liegt weniger als 80 Kilometer von Vancouver entfernt im Pazifik. 1960 ersann die Regierung British Columbias ein Shuttle-System, um Menschen, Pkws und Trucks hin- und herzubefördern. Seither ist BC Ferries zu einer der größten Fährenflotten des Planeten herangewachsen und transportiert im Jahr schwindelerregende 23 Millionen Passagiere und acht Millionen Autos in 34 verschiedenen Wasserfahrzeugen. Das Einzige, was die Schiffe gemeinsam haben: Fast alle sind sie weiß angestrichen.

Zentrum des Systems ist das Tsawwassen Ferry Terminal 40 Minuten von Downtown Vancouver entfernt. Das Indianer-Wort *tsawwassen* bedeutet »Land mit Blick zum Meer«. An diesem Knotenpunkt gibt es das günstigste Preis-Leistungs-Verhältnis des gesamten Pazifiks. Für weniger als 20 Dollar kann man sich an Bord eines dieser imposanten Schiffe begeben, um eine Kreuzfahrt auf dem Ozean ganz ohne Koffer zu genießen.

Die Fahrt nach Victoria bietet einige der spektakulärsten zerklüfteten Küstenlandschaften der Welt. Nicht überrascht sein, wenn der Kapitän der Fähre durchruft: »Meine Damen und Herren, rechts ist ein Trupp Killerwale zu sehen!« Sichtungen von Walen, Adlern und Ottern sind gängig. Die beinahe übernatürliche Anmutung der windumtosten Meeresarme und engen Salzwasserpassagen kann schon einmal von den sonstigen Annehmlichkeiten des Schiffes ablenken. Drei komfortable Passagierdecks mit riesigen Fenstern bieten Restaurants und Geschenkeshops, wie sie auf Luxuslinern üblich sind. Statt jedoch sieben Tage auf See zu sein, dauert diese Kreuzfahrt nur 90 Minuten.

Das Terminal wurde nach dem Westküstenstamm der Tsawwassen benannt, dem das umliegende Land gehört. Manche Fähren sind mit Motiven traditioneller Indianerkunst geschmückt, andere mit Sportgemälden, die 2010 bei den Winterspielen entstanden. Viele finden sich hier ein, nur um die Fähren kommen und gehen zu sehen.

Adresse 1 Ferry Causeway, Tsawwassen Ferry Terminal Delta, Vancouver, BC V6C 0B9, Tel. +1 (888)223-3779, www.bcferries.com | **Anfahrt** mit dem Auto, Parken bei Impark | **Öffnungszeiten** täglich 7 – 21 Uhr | **Tipp** Die BC Ferries Experience Card bietet einen Preisnachlass für 15 Fährenrouten innerhalb des Systems. An jedem Ticketstand erhältlich.

104___Der UBC Rose Garden
Paradies statt Pflaster

Der »University of British Columbia Rose Garden« bietet eine der schönsten Aussichten ganz Vancouvers: Man schaue über den Rosengarten hinweg, labe seine Sinne am Meeresblick, dem schier endlosen Bergpanorama, das sich irgendwann in der Ferne verliert, und am Duft von über einem Dutzend Rosensorten.

Das clever auf einem Parkhaus – typisch Vancouver – angelegte Füllhorn der Farben auf dem Universitätscampus befindet sich dort, wo seit 1949 bereits ein Rosengarten lag, bevor 1995 in der Nähe die Bauarbeiten am Chan Centre begannen. Vielleicht wurde Joni Mitchells Warnung beherzigt, nicht das Paradies zu pflastern, um darauf einen Parkplatz zu bauen. Die Uni fand einen Weg, einen Parkplatz zu bauen und zugleich den Garten zu behalten. Entworfen wurde der Garten von den Landschaftsarchitekten Perry & Associates; 1997 wurde er der Öffentlichkeit wieder zugänglich gemacht.

Rosig getönte Brillengläser braucht man nicht, um hier Seele und Sinne inspirieren zu lassen. Es gibt über 150 Rosenarten, die nach Fossilbefund bereits seit 36 Millionen Jahren auf der Erde wachsen. Wer jedoch in dieser Oase zwischen Knospen und Blütenblättern wandelt, wird zumeist Anblick und Duft von Teehybriden und Floribundarosen genießen. Was das Erlebnis dem Einzelnen bedeutet, bleibt ihm überlassen; im Lauf der Geschichte jedoch haben Rosen für die Menschheit unermesslichen Wert besessen. Von den Tagen des Römischen Reichs über die Rosenkriege bis hin zu den allgegenwärtigen Tattoos heute verzaubern sie die Phantasie und erlangten große Symbolkraft. Ebenso erscheinen Rosen auf vier Tarot-Karten: der Narr, der Magier, Kraft und Tod. Selbst ihre Farben haben eine Bedeutung, stehen für Liebe oder Trauer.

Als einer der Selfie-geeignetsten Orte der Stadt diente der Rosengarten bereits als Hintergrundmotiv für ungezählte Versammlungen und Hochzeiten. Wer herkommt, sollte eine Kamera mitbringen. Auch gut: Um einen Parkplatz braucht man sich keine Sorgen zu machen.

Adresse 6301 Crescent Road, Vancouver, BC V6T 1Z2, www.maps.ubc.ca | **Anfahrt** mit dem Auto, Parken in der Rose Garden Parkade am Northwest Marine Drive | **Öffnungszeiten** immer | **Tipp** Das Chan Centre in der Nähe ist eine der besten Konzerthallen Kanadas. Warum nicht einen Besuch des Rosengartens mit einem Konzert oder einem Vortrag im Centre verbinden (6265 Crescent Road, Vancouver, BC V6T 1Z1, www.chancentre.com).

105 _ Die verborgenen Symbole
… am Stanley Park Seawall

Das Juwel unter den Attraktionen Vancouvers ist der Stanley Park Seawall. Viel wurde in den letzten 100 Jahren über die Uferbefestigung geschrieben. Es gibt jedoch ein (im letzten Absatz gelüftetes) Geheimnis um die Steine dieser Mauer, auf das man im Internet nicht stoßen wird. Bis zur Veröffentlichung dieses Buches wusste auch kaum jemand von diesem verborgenen Schatz.

Der größte Teil des Seawall wurde zwischen 1917 und 1971 gebaut. Großen Einfluss hatte der geniale Steinmetz James Cunningham, der lange die Aufsicht über den Bau hatte. 35 Jahre verbrachte dieser damit, die Hunderttausende von Steinen zusammenzufügen, um eine Schutzbarriere gegen die See zu errichten. Während man auf dem Uferweg die Anlage umrundet, kommt man gar nicht umhin zu staunen: Wie von Geisterhand scheint sich alles nahtlos ineinandergeschmiegt zu haben. Nach einer Weile jedoch sehen die vielen Steine allmählich gleich aus.

Bis man zum Third Beach gelangt und sich das Ganze in eine Schatzsuche wandelt. Man richte sich strikt nach folgenden streng geheimen Instruktionen: Beim Third Beach führen Stufen vom Imbissstand zum Seawall hinab. Nehmen Sie das Ende der Treppe als Startpunkt und gehen Sie 100 Schritte südlich. Befindet sich der Ozean rechts, ist es die richtige Richtung. Die 1,20 Meter breite felsige Trennwand zwischen dem Rad- und dem Fußweg liegt zu Ihrer Linken; auf diese Seite wollen Sie Ihre Suche konzentrieren. Nach besagten 100 Schritten besehen Sie sich die Steine der Trennwand genauer. Zu erkennen sind sorgsam gemeißelte Felsformen, die Ihnen etwas über James Cunningham verraten können.

War er ein Eishockeyfan, ein Kartenspieler oder bloß ein stolzer Kanadier? Vermutlich alles drei. Wer die Trennwand im Detail studiert, erkennt Steine in der Form eines Hockey-Pucks und eines Eishockeyschlägers. Weiter rücken Steine in Spielkartenfarben (Herz, Pik, Kreuz, Karo) ins Blickfeld, schließlich erfasst das Auge ein aus Stein gemeißeltes Ahornblatt.

Adresse Stanley Park Causeway, Vancouver, BC V6G 1Z4, www.vancouver.ca/parks-recreation-culture/stanley-park.aspx | **Anfahrt** mit dem Auto, gebührenpflichtiges Parken auf dem Third-Beach-Parkplatz am Stanley Drive | **Öffnungszeiten** immer zugänglich | **Tipp** Nach James Cunninghams Tod wurde seine Asche nahe dem Siwash Rock begraben. Wenn man ein bisschen sucht, findet man auch eine Tafel mit seinem Namen. Der Siwash Rock liegt gut 500 Meter weiter nördlich entlang des Seawall-Uferweges. Am besten bei Ebbe gehen.

106 Visions of Possibilities
Zukunft ohne Hindernisse

Das Erste, was beim Betreten des Blusson Centre auffällt, ist das perfekte Gleichgewicht von modernem Design kombiniert mit künstlerischen Metaphern. Der glatte Bau aus Metall und Glas hinter dem Vancouver General Hospital ist die größte Einrichtung der Welt, die sich der Erforschung der Wirbelsäule und der Patientenversorgung widmet. Das 2008 eröffnete Gebäude ist ebenso eines der barrierefreiesten der Welt.

Die drei Stockwerke hohe Rollstuhlrampe kommuniziert auf poetische Weise den Anspruch des Gebäudes: »*Ever onward, ever forward, ever upward*« (immer weiter, immer vorwärts, immer hoch). Zugleich dient die Rampe als praktischer und barrierefreier Zugang zum Gebäude. Sie ist bei fünf Prozent Neigung 200 Meter lang; alle zehn Meter gibt es eine ebene Stelle, um den Anstieg zu erleichtern.

Der kanadische Held und Rollstuhlathlet Rick Hansen (siehe Ort 85) vermittelte zwischen den Interessenvertretern, was das Projekt erst möglich machte. Dank seiner Führungsstärke können Tausende Menschen behandelt werden und Unterstützung erhalten. Hier arbeiten Hunderte Wissenschaftler und Kliniker, um sich einer der größten Herausforderungen im Gesundheitswesen zu stellen: Lähmung aufgrund einer Wirbelsäulenverletzung infolge eines plötzlichen Traumas wie Autounfall, Sturz oder Krankheit.

Der international renommierte Mund-Maler Robb Dunfield ist seit einem Sturz im Alter von 18 Jahren vom Hals abwärts gelähmt und auf ein Beatmungsgerät angewiesen. Eines von Robbs Gemälden, »Visions of Possibilities«, ein 1,80 mal 2,40 großes Porträt seiner am Strand spielenden Töchter, schmückt stolz den Eingang des Blusson Centre. Die Größe und Großartigkeit des Kunstwerks dient als Beispiel dafür, was möglich ist, wenn Menschen Träume haben.

Das Gebäude selbst ist Zeugnis des Traumes von Rick Hansen, Barrieren niederzureißen und den Fortschritt der Forschung zu beschleunigen.

Adresse 818 West 10th Avenue, Vancouver, BC V5Z 1M9, Tel. +1 (604)875-4992 | **Anfahrt** mit dem Auto, gebührenpflichtiges Parken auf der anderen Straßenseite | **Öffnungszeiten** Mo–Fr 7.30–18 Uhr | **Tipp** In der 10th Avenue gibt es einen der geschäftigsten Radwege in Vancouver. 500.000 Radler flitzen hier jedes Jahr entlang. Wer sich unter die radelnde Menge begeben mag: Den Fahrradverleih Mobi Bike Rental findet man nur einen Block vom Blusson Centre entfernt (West 10th Avenue und Oak Street, Vancouver, BC V6H 3Z6, www.mobibikes.ca).

107 Die Vögel
Olympia-Riesen im neuen Federkleid

Wo einst die herausragendsten Athleten der Winter-Olympiade standen, grüßen heute zwei wuchtige, generalüberholte Vögel, genauer: ein männlicher und ein weiblicher Haussperling, jeder an die fünf Meter groß. Dreierlei macht die gigantischen Spatzen besonders interessant.

Erstens wurden sie ursprünglich an der Southeast False Creek Olympic Plaza als Teil des Kunstprogramms im Olympischen Dorf der Winterspiele und Paralympics 2010 in Vancouver aufgestellt und haben sich seither eingenistet. Die 3.500 Pfund schweren und knapp fünf Meter hohen geflügelten Geschöpfe sind das Werk der Bildhauerin Myfanwy Macleod. Ihre Inspiration zog sie aus Hitchcocks Horrorklassiker »Die Vögel« von 1963.

Zweitens: Als junge, wachsende Familien in die neuen Eigentumswohnungen im ehemaligen Olympischen Dorf zogen, wurden die beiden Riesenspatzen unbeabsichtigt zu einem bedeutenden Teil der Freizeitgestaltung der Community. Die Vögel sind aus unwiderstehlichem, glattem Aluminium gefertigt, auf dem Kleinkinder gern hochkletterten und sodann quietschend vor Freude wieder herunterrutschten, während ältere Kinder mit dem Skateboard zugange waren. Jahre spaßigen Sperlingsmissbrauchs setzten den Vögeln so zu, dass sie saniert werden mussten; die Reparaturrechnung betrug 400.000 Dollar.

Mit Hilfe der Stadt Vancouver wurden gar Zugvögel aus ihnen. Zunächst machten sie sich für Abgüsse nach Calgary auf, dann ging es weiter nach China, um sie neu aus Aluminium zu gießen. In ihre Heimat zurück flogen sie gerade rechtzeitig zur Vogelwoche, der Vancouver Bird Week, und dem International Ornithological Congress 2018.

Wer einen dieser braun-weiß schimmernden Piepmätze auf dem Platz nahe dem Ufer des False Creek erspäht, kann gern ein Selfie mit ihm machen. Vom Rutschen oder Skateboarden auf dem Rücken der Kunst-Tiere ist jedoch bitte abzusehen.

Adresse 1 Athletes Way, Vancouver, BC V5Y 0B1 | Anfahrt mit dem Auto, Parkgelegenheiten in der Nähe | Öffnungszeiten immer zugänglich | Tipp In der Nähe bei Wild Birds Unlimited gibt es Vogelsaaten und anderes Futter, Vogelbäder oder Feldstecher, um die realen kleinen Zwitscherer zu beobachten (1302 West Broadway, Vancouver, BC V6H 1H2, vancouver.wbu.com).

108 — Die Waterfront Station
Trostspender Endbahnhof

Die meisten Reisenden passieren die Waterfront Station nur auf der Durchfahrt. Da dies jedoch als eines der am meisten von Spuk heimgesuchten Gebäude Vancouvers gilt, versteht es sich von selbst, dass einige es vorzogen, zu bleiben. Der berühmteste Geist vor Ort ist ein Zugführer, der auf die Schienen fiel und enthauptet wurde. Verständlich, dass er nicht mehr von dort wegkommt.

Seit der Bahnhof 1914 eröffnet wurde, haben ungezählte Millionen diese pazifische Endstation der transkontinentalen Canadian Pacific Railway passiert. Während der Bahnhof so wirkt, als wäre er der erste in der Gegend gewesen, handelt es sich tatsächlich um den dritten. Damals hatte man es offenbar damit, Bahnhöfe zu bauen. Der erste stand in Port Moody. Er hielt sich jedoch nur zehn Jahre, bis man einen zweiten ans Ende der Granville Street stellte, einen Block westlich des heutigen Bahnhofs. Ihm waren 15 Jahre beschieden, bis die endlose Reihe von Architekten mit der Waterfront Station schließlich einen Schlusspunkt erreicht zu haben schien. Endpunkt war das Gebäude auch für viele quer über den Kontinent Reisende, die nach Tagen des Karjuckelns durch die offene Prärie und durch die schroffen Rocky Mountains in Sorge geraten sein mochten, sie könnten die Annehmlichkeiten der städtischen Zivilisation für immer hinter sich gelassen haben. Entsprechend repräsentativ wurde die Endstation gestaltet.

Wer dem Zug aus Montreal oder Toronto entstieg, den beeindruckten (und trösteten) weiße ionische Säulen, die das klassizistische Exterieur zierten, und dessen Auge erfreuten die kanadischen Landschaftsmalereien im Inneren.

Die Originalgemälde stammen von Adelaide Langford, einer Künstlerin mit solcher Reputation, dass einige ihrer Werke es sogar bis in die Sammlung der Königsfamilie geschafft haben. Etwas versteckt prangen sie hoch droben an den Bahnhofswänden, sind aber die besterhaltenen Original-Bahnhofsbildnisse des Landes.

Adresse 601 West Cordova Street, Vancouver, BC V6B 1G1, Tel. +1 (604)953-3333, www.thecanadaline.com/station-guides/waterfront | **Anfahrt** SkyTrain oder Seabus bis Waterfront (Canada & Expo Line); mit dem Auto, gebührenpflichtiges Parken bei Impark am Granville Square und PWC Place möglich | **Öffnungszeiten** immer | **Tipp** Außerhalb des Bahnhofs steht die so eindringliche wie subtile Bronzestatue »Angel of Victory«. Entworfen wurde sie 1922 von Coeur de Lion MacCarthy, um 1.100 Angestellte der Canadian Pacific Railway zu ehren, die während des Ersten Weltkrieges umkamen.

109 Die Westham Island Bridge
Magie des Metallhebels

Seit 1910, als die 325 Meter lange Brücke entstand, verband sie die kleine Farmer- und Fischerstadt Ladner mit den Konservenfabriken und Beerenfeldern auf Westham Island. Damals sah man zum Beispiel Pferdegespanne über die Brücke trotten oder vielleicht einen langsamen, maroden Traktor zum Markt tuckern mit frischem Obst und Gemüse im Anhänger. Es bedurfte dreier Jahre, um die Brücke aus heimischen Materialien zu errichten; für die junge, wachsende Gemeinde bedeutete sie einen großen Fortschritt. Die Farmer konnten nun Zeit und Geld sparen, denn sie mussten sich nicht mehr auf die eine mickrige Fähre verlassen, die die einzige Verbindung zum Festland war.

Der Umstand, dass es sich um eine bewegliche Brücke handelt, macht das Bauwerk noch interessanter. Bis 1971, als der Elektromotor installiert wurde, benutzte der Maschinist einen langen Metallhebel und drehte ihn mit aller Kraft, die er aufbringen konnte, im Uhrzeigersinn, um eine Öffnung für Fischer- und Vergnügungsboote zu schaffen, die die Deltamündung des Fraser River Richtung Ozean verließen.

Die kleine Hütte auf der Westseite, in der der Maschinist arbeitete, steht heute noch. Wen es noch nicht genug erstaunt, dass die gesamte Technik von einem einzelnen Menschen bedient wurde: Der Mann hatte nur einen Arm und vollführte das anstrengende Ritual mehrmals täglich, bis er 1971 in den Ruhestand ging.

Heute überqueren Birder aus der ganzen Welt, die das Reifel Bird Sanctuary besuchen (siehe Ort 84), das Bauwerk. Auch Einheimische auf dem Weg zu den Erdbeerfarmen zum Selbstpflücken auf Westham Island sind hier neben gelegentlichen Landwirtschaftsfahrzeugen unterwegs. Wie zu erwarten ist eine derart malerische und historisch interessante Brücke als Filmlocation ein Naturtalent. Eine der berühmtesten Folgen der Serie »Akte X – Die unheimlichen Fälle des FBI«, »The Kill Switch«, wurde hier gedreht.

Adresse nahe der Kreuzung der Westham Island Road mit der Kettles Road, Ladner, BC V4K 3N2 | **Anfahrt** mit dem Auto; die Brücke befindet sich drei Kilometer von Ladner entfernt; der 47A Avenue auf die River Road folgen und rechts nach der Brücke suchen, Parken an der Straße möglich | **Öffnungszeiten** immer | **Tipp** Kurz vor der Brücke liegt der Wellington Point Park mit befestigtem Holzpier, von dem aus sich großartige Blicke auf die fischverarbeitende Industrie und Dutzende Hausboote auf dem Fluss bieten (3653 River Road West, Ladner, BC V4K 3N2).

110_Das Wing Sang Building
Chinatown meets Kunst

Man stelle sich vor dieses exquisit restaurierte Gebäude aus dem Jahr 1899 und versetze sich in eine Zeit zurück, als die Bürgersteige unter den Füßen noch nackte Holzplanken waren und die asphaltierte Straße stattdessen aus Schlamm und Schmutz bestand.

Wem dies gelingt, der beginnt zu verstehen, wie grandios dieses Gebäude in der Zeit seiner Entstehung wirkte. Bemerkenswert ist es, weil es zu jener Zeit unglaublich aus seiner Umgebung herausstach – und wegen der Geschichte des Mannes, der es erbaute.

Yip Sang wurde 1845 in China geboren und kam 1864 nach Kalifornien. Wie viele junge Männer auf der Suche nach dem Glück probierte er so einiges aus und besuchte viele Orte, bevor er sich in Vancouver niederließ und dort ganz große Hits landete. Seine Vita umfasst Lebensabschnitte als Cowboy, Goldgräber, Tellerwäscher, Koch und Kohle-Handelsvertreter. Dies alles änderte sich, als die Canadian Pacific Railway nach Vancouver kam. Sangs Zweisprachigkeit (fließend Englisch und Chinesisch), sein Status als eingebürgerter Brite und sein Geschäftssinn brachten ihm einen Job als Buchhalter bei der Eisenbahn ein. Bald darauf managte er die Arbeit von Tausenden. Schließlich verdiente Sang genug Geld, um ein eigenes Unternehmen zu gründen. Vom Wing Sang Building aus, dem ersten Steingebäude Chinatowns, leitete er ein Geschäftsimperium, das Immobilieninvestitionen, Leiharbeit und den Import von Waren nach China umfasste. Von dort importierte er Opium – damals vollkommen legal –, was dieses Gebäude zu einem der ältesten Drogenumschlagplätze der Stadt macht. 1908 war seine Firma eine der größten Vancouvers mit Immobilien im Wert von 200.000 Dollar, und Yip Sang avancierte zu einem der erfolgreichsten Unternehmer Vancouvers.

Heute ist das Haus das stolze älteste Gebäude in Chinatown und beherbergt eine der größten zeitgenössischen Kunstsammlungen Kanadas. Die Restaurierung des Hauses und die Unterbringung der Kunstsammlung sind das Werk des bekannten Bauunternehmers Bob Rennie.

Adresse 51 East Pender Street, Vancouver, BC V6A 1S9, Tel. +1 (604)682-2088, www.renniecollection.org | **Anfahrt** mit dem Auto, gebührenpflichtiges Parken in der Nähe | **Öffnungszeiten** siehe Website | **Tipp** Das neoklassizistische BC Electric Railway Terminal ist ein weiteres interessantes historisches Gebäude und liegt direkt um die Ecke vom Wing Sang Building (425 Carrall Street, Vancouver, BC V6B 6E3).

111 Die Zwillings-Urinale
Plausch mit dem Nebenmann

Wenn Männer pinkeln, handelt es sich meist um eine einsame Beschäftigung. Die Aufmerksamkeit ist auf die Angelegenheit gerichtet, die sie gerade anpacken, um es mal so zu sagen. Gelegentlich kommt es zum Kurzplausch mit dem Nebenmann. Ansonsten bleibt der Blick jedoch stur auf die Wand geheftet.

In Vancouver nun gibt es ein altes, kurioses Pissoir, das im Widerspruch zu dieser Pinkeletikette steht. Es befindet sich im alten Heritage-Hall-Gebäude von 1915. Das Doppelurinal ist so entworfen, dass Männer ihr Geschäft Auge in Auge verrichten. Wer mag auf die skurrile Idee gekommen sein, ein Zwillings-Urinal zu bauen?

Antwort: John Shanks, Gründer der Shanks & Co. Ltd. in Barrhead, Schottland. Gelebt hat er von 1826 bis 1895, in einer Epoche, in der Sanitäranlagen aufgrund durch Wasser übertragener Krankheiten wie Typhus oder Cholera besonders wichtig waren. Das Doppelurinal war nur eines seiner Patente. Einer seiner Zwillings-Piesler schaffte es in die Heritage Hall in Vancouver; seit über 100 Jahren hilft er nun Herren dabei, sich zu erleichtern, und zwar zweien gleichzeitig.

Die Hall ist eines der ältesten Gebäude der Stadt, rechteckig, zwei Stockwerke hoch und verschwenderisch mit Ornamenten des 19. Jahrhunderts und erlesener Steinmetzarbeit verziert. Manche Einheimische glauben, dies sei einst ein Rathaus, eine Kirche oder eine Bank gewesen, aber sie liegen falsch. Ursprünglich war dies ein Postamt, dann ein Gebäude der Landwirtschaftsverwaltung. Von 1965 bis 1976 war hier das Hauptquartier der berittenen Polizei RCMP. Zu jener Zeit war die kanadische Polizei von Männern dominiert; das Zwillingsurinal könnte also die Effizienz der Truppe erhöht haben.

Heute beherbergt die Heritage Hall diverse wohltätige Vereinigungen, der Ballsaal steht privaten und Community-Events offen. Obwohl sie nicht öffentlich zugänglich ist, kann sie gegen eine kleine Spende bei Handwerksmessen, Plattenverkäufen, Comictauschbörsen oder Kunstausstellungen betreten werden.

Adresse 3102 Main Street, Vancouver, BC V5T 3G7, www.heritagehall.bc.ca, heritage@heritagehall.bc.ca | Anfahrt mit dem Auto, gebührenpflichtiges Parken in der Main Street | Öffnungszeiten Eventkalender siehe Facebook-Seite der Heritage Hall | Tipp Vancouver verfügt über zehn öffentliche selbstreinigende Toiletten. Eine davon befindet sich an der Ecke der Davie Street und der Bute Street und ist da, wenn man sie braucht (Davie und Bute Street, Vancouver, BC V6E 1N, vanmapp1.vancouver.ca).

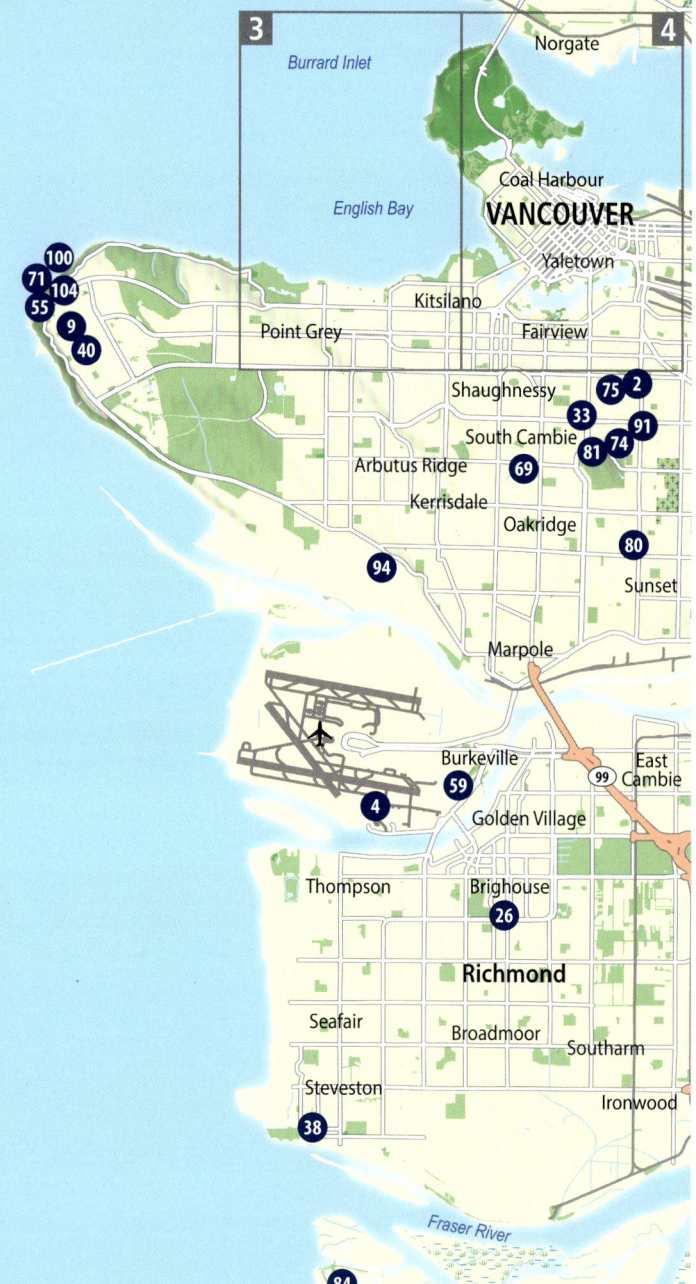

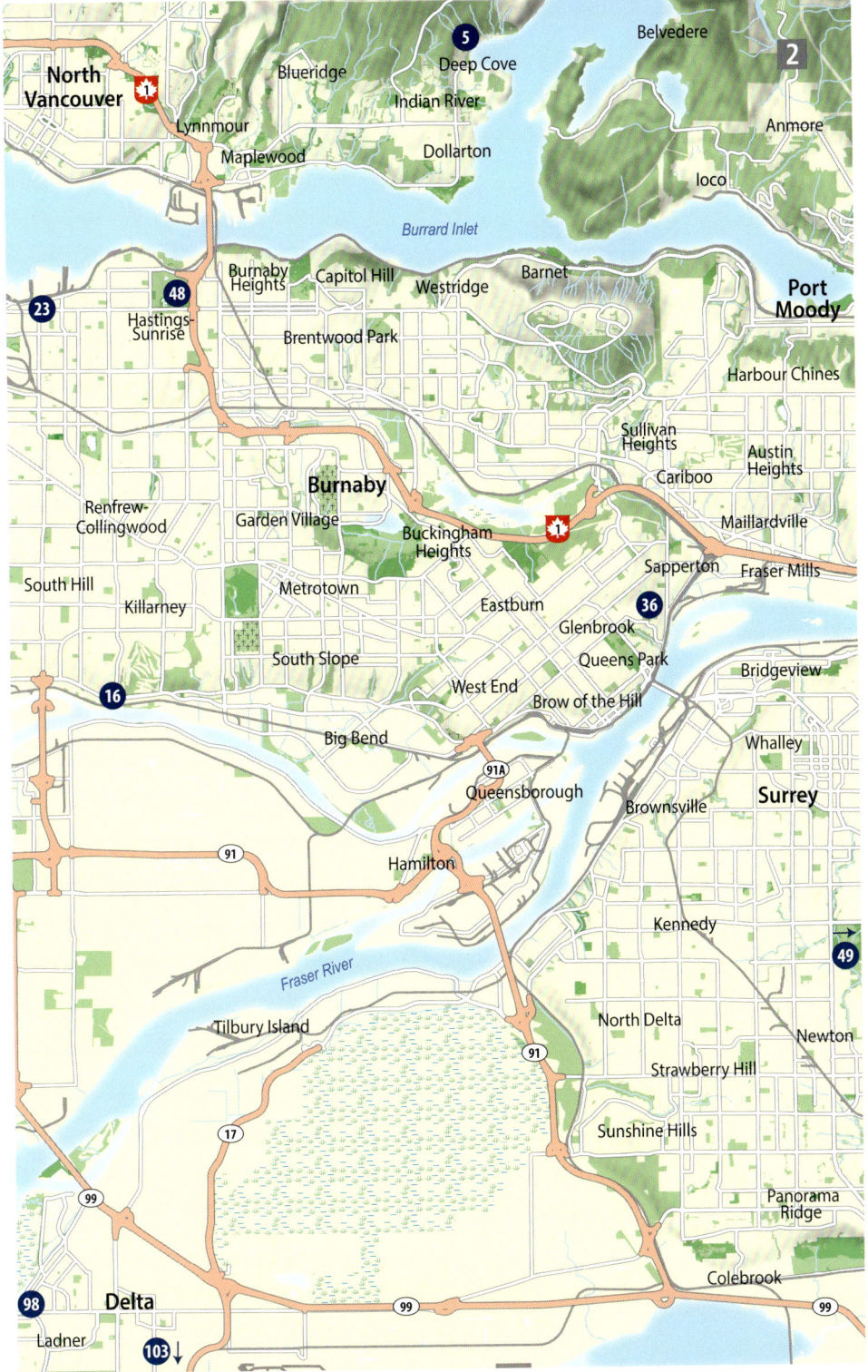

Jo-Anne Elikann
111 Orte in New York, die man gesehen haben muss
ISBN 978-3-95451-512-7

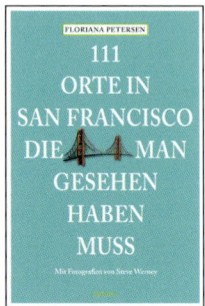

Floriana Petersen
111 Orte in San Francisco, die man gesehen haben muss
ISBN 978-3-95451-750-3

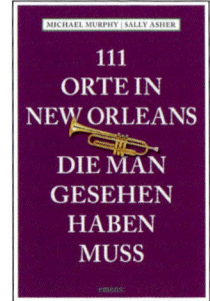

Michael Murphy, Sally Asher
111 Orte in New Orleans, die man gesehen haben muss
ISBN 978-3-95451-860-9

Gordon Streisand
111 Orte in Miami und auf den Keys, die man gesehen haben muss
ISBN 978-3-95451-846-3

Amy Bizzarri
111 Orte in Chicago, die man gesehen haben muss
ISBN 978-3-7408-0355-1

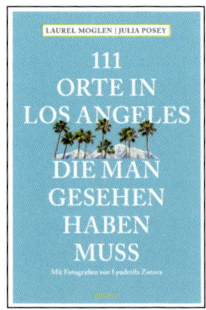

Laurel Moglen, Julia Posey
111 Orte in Los Angeles, die man gesehen haben muss
ISBN 978-3-7408-0125-0

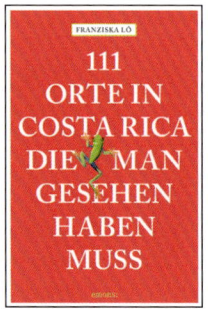

Franziska Lô
111 Orte in Costa Rica, die man gesehen haben muss
ISBN 978-3-7408-0245-5

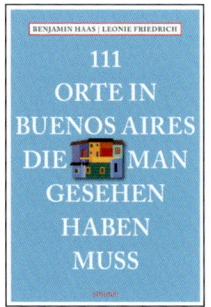

Benjamin Haas, Leonie Friedrich
111 Orte in Buenos Aires, die man gesehen haben muss
ISBN 978-3-95451-835-7

Beate C. Kirchner
111 Orte in Rio de Janeiro, die man gesehen haben muss
ISBN 978-3-95451-843-2

Christoph Hein, Sabine Hein
111 Orte in Singapur, die man gesehen haben muss
ISBN 978-3-7408-0337-7

Annett Klingner
111 Orte in Dubai, die man gesehen haben muss
ISBN 978-3-7408-0647-7

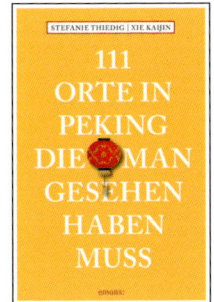

Stefanie Thiedig, Xie Kaijin
111 Orte in Peking, die man gesehen haben muss
ISBN 978-3-7408-0250-9

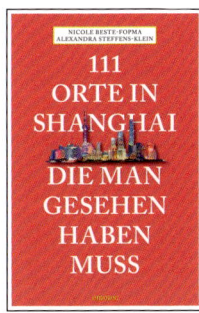

Nicole Beste-Fopma, Alexandra Steffens-Klein
111 Orte in Shanghai, die man gesehen haben muss
ISBN 978-3-7408-1299-7

Kathrin Bielfeldt, Raymond Wong, Jürgen Bürger
111 Orte in Hongkong, die man gesehen haben muss
ISBN 978-3-95451-914-9

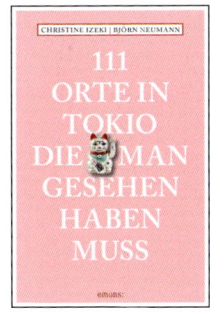

Christine Izeki, Björn Neumann
111 Orte in Tokio, die man gesehen haben muss
ISBN 978-3-7408-0117-5

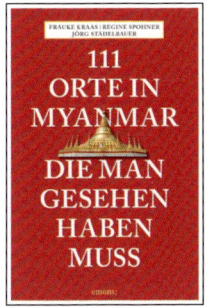

Frauke Kraas, Regine Spohner, Jörg Stadelbauer
111 Orte in Myanmar, die man gesehen haben muss
ISBN 978-3-7408-0149-6

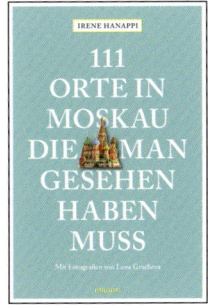

Irene Hanappi
111 Orte in Moskau, die man gesehen haben muss
ISBN 978-3-7408-0993-5

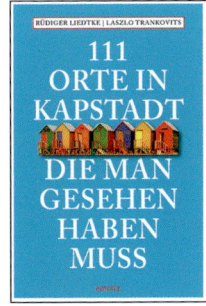

Laszlo Trankovits, Rüdiger Liedtke
111 Orte in Kapstadt, die man gesehen haben muss
ISBN 978-3-95451-456-4

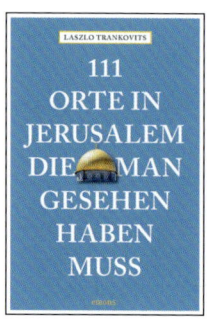

Laszlo Trankovits
111 Orte in Jerusalem, die man gesehen haben muss
ISBN 978-3-7408-0390-2

Andrea Livnat
111 Orte in Tel Aviv, die man gesehen haben muss
ISBN 978-3-7408-0725-2

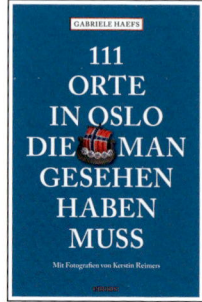

Gabriele Haefs
111 Orte in Oslo, die man gesehen haben muss
ISBN 978-3-7408-1088-7

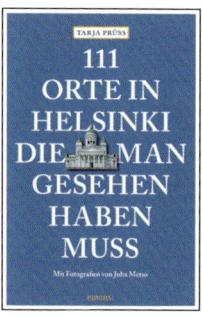

Tarja Prüss, Juha Metso
111 Orte in Helsinki, die man gesehen haben muss
ISBN 978-3-7408-0342-1

Jan Gralle, Vibe Skytte
111 Orte in Kopenhagen, die man gesehen haben muss
ISBN 978-3-7408-0243-1

Lucia Jay von Seldeneck, Verena Eidel, Carolin Huder
111 Orte in Berlin, die man gesehen haben muss
ISBN 978-3-7408-1097-9

Sybil Canac, Renée Grimaud, Katia Thomas
111 Orte in Paris, die man gesehen haben muss
ISBN 978-3-95451-847-0

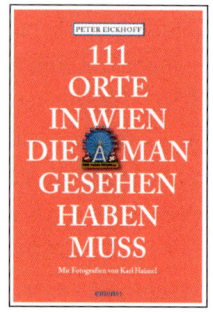

Peter Eickhoff
111 Orte in Wien, die man gesehen haben muss
ISBN 978-3-7408-0746-7

Annett Klingner
111 Orte in Rom, die man gesehen haben muss
ISBN 978-3-95451-219-5

Danksagung

Gute Leute kennen gute Geschichten. Wir haben beide das Glück, viele gute Leute zu kennen, die uns Anregungen, Hinweise und vor allem die Ermutigung gaben, dieses Buch zu vollenden:

Cheryl Ellis, Jeff Veniot, David Kincaid, Kevin Bowers, Miriam Soet, Ray McAllister, Rick Hansen, Gary Cadman, Pat Browne, Mariko Nakagawa, Brian Antonson, Andrea Kwiatkowsky, Baird Menzies

Ein spezieller Dank geht an Karen Seiger, selbst Langstreckenläuferin, die mit uns am Start stand, uns über die Berge half und uns zur Ziellinie trieb. Ein Dankeschön an sie und das gesamte engagierte Emons-Team.

– D. D. & G. M.

Fotonachweis

Beaucoup Bakery (Ort 6): Yinger Wong;
Block 1700 Dunbar Street (Ort 10): David Kincaid;
Die Gulf of Georgia Cannery (Ort 38): Jesse Hebert;
Der Living Roof (Ort 63): Vancouver Convention Center;
Die Long Table Distillery (Ort 64): Long Table Distillery;
Das Museum of Anthropology (Ort 71): Cory Dawson;
Die Rogers Arena (Ort 87): Vancouver Canucks Archives;
The Shameful Tiki Room (Ort 91): Greg Tjepkema;
Das Stir Coffee House (Ort 98): Rob Lowe

Dave Doroghy hat mit Stift in der Hand und Kamera um den Hals über 50 verschiedene Länder besucht. Er wurde in Vancouver geboren. Er arbeitete beim Rundfunk, in der Werbung und schließlich 20 Jahre im Sportmarketing.

Graeme Menzies hat in sieben Städten in ganz Kanada, in den USA, in England und in Brasilien gelebt, hält Vancouver jedoch immer noch für die schönste von allen. Er ist ein internationaler Marketing- und Kommunikationsprofi mit Erfahrung in den Bereichen Kunst, öffentliche Ordnung, Technologie, Sport und Hochschulbildung.